Lettre à un Français
qui veut émigrer au Québec

Jazz vers l'Infini, poésies, Éditions Pascal, 1944.

Brigandage. Un livre pas sérieux, récits humoristiques, Cavendish, 1950.

Les Doléances du notaire Poupart, récits humoristiques, Éditions du Jour, 1961.

Carl Dubuc

Lettre à un Français
qui veut émigrer au Québec

Avant-propos et notes d'Alain, Geneviève
et Dominique Dubuc

Boréal

Cet ouvrage a d'abord paru en 1968, aux Éditions du Jour.

Les Éditions du Boréal remercient le Conseil des Arts du Canada ainsi que le ministère
du Patrimoine canadien et la SODEC pour leur soutien financier.

Illustration de la couverture : Michel Rabagliati

© 1999 Les Éditions du Boréal
Dépôt légal : 1er trimestre 1999
Bibliothèque nationale du Québec

Diffusion au Canada : Dimedia
Diffusion et distribution en Europe : Les Éditions du Seuil

Données de catalogage avant publication (Canada)
Dubuc, Carl

    Lettre à un Français qui veut émigrer au Québec
    ISBN 2-89052-943-6

    1. Canadiens français – Québec (Province) – Humour. 2. Québec (Province) – Mœurs et cou-
tumes – Humour. 3. Québec (Province) – Civilisation – 20e siècle – Humour. I. Titre.

FC2911.3.D82   1999   971.4′04′0207   C99-940020-7
F1053.2.D82   1999

Avant-propos

Lorsqu'on nous a proposé, à nous, les enfants de Carl Dubuc, de rééditer Lettre à un Français qui veut émigrer au Québec, nous n'avons pas hésité une seconde. Cette étude de mœurs, qui décrit le Québec des années soixante, a bien sûr quelque peu vieilli. Mais nous savions, par expérience, que le livre n'avait pas perdu sa pertinence. Nous n'avons jamais cessé d'en citer des extraits à nos proches ou de le proposer à nos amis français tout frais arrivés.

Il est vrai que rééditer, trente ans plus tard, un livre sur la société québécoise des années soixante peut sembler être un pari risqué. Mais moins qu'on pourrait le croire. Au-delà des modes et des apparences, les caractéristiques fondamentales d'un peuple se modifient très lentement. À la limite, les observations que proposait notre père révèlent de façon plus lucide et plus crue ce que les Québécois ont tenté de masquer depuis trente ans sous un vernis de modernité. Le Québécois typique des années soixante, dont notre père se moquait affectueusement, explique et préfigure celui des années quatre-vingt-dix.

Bien sûr, les choses ont changé en trente ans, surtout quand il est question d'un livre qui se voulait une chronique de la vie *quotidienne. Il s'agit le plus souvent de changements qui sont survenus partout dans le monde et qu'un lecteur français saura de lui-même mettre en perspective, de la fin de la guerre froide à l'explosion de la contraception, en passant par les progrès de la technologie, les ravages de l'inflation ou la façon dont les hommes parlent des femmes.*

Nous avons proposé, dans des notes en bas de page, les mises à jour essentielles pour que le livre de notre père n'induise pas en erreur un lecteur contemporain. Ces notes, que nous avons tenté de limiter au strict minimum pour ne pas alourdir le texte, décrivent les changements survenus dans nos rapports linguistiques, dans notre système de mesure, dans nos habitudes alimentaires.

Toutefois, certains thèmes qui prennent une place importante dans le livre méritent d'être précisés davantage. Par exemple, notre père employait indifféremment les qualificatifs « québécois » et « canadien-français ». Depuis 1968, d'importants glissements sémantiques se sont produits. Le terme Canadien français s'appliquait aux citoyens canadiens d'expression française vivant majoritairement (mais non exclusivement) au Québec. Les nationalistes québécois, qui se définissaient de moins en moins comme canadiens, lui ont progressivement préféré le terme de Québécois. La croissance de l'immigration et la rectitude politique ont donné un sens plus large à Québécois qui décrit maintenant l'ensemble des habitants du Québec. Les Canadiens français d'autrefois se désignent maintenant comme des Québécois francophones. On notera également qu'au moment de la parution du livre, notre père écrivait « Québecois », sans un deuxième accent aigu, une orthographe maintenant rejetée.

Le poids et l'omniprésence de l'Église catholique dans le Québec des années soixante expliquent l'anticléricalisme manifeste de notre père. Les références à l'Église et au clergé sont ainsi très nombreuses dans son livre. Mais, en trente ans, le clergé a été décimé, et son influence a fondu à un tel point que l'Église catholique ne peut plus être une cible de choix pour un humo-

riste contemporain. Si notre père était encore parmi nous, il se moquerait probablement du retour à la spiritualité des Québécois au tournant du troisième millénaire…

Sur un plan plus personnel, ce livre nous a depuis toujours servi de référence pour expliquer l'humour, moderne, de notre père à ceux qui ne l'avaient pas connu. Nous nous sommes cependant demandé, en faisant la mise à jour de cette réédition, comment Carl Dubuc, s'il était encore vivant, aurait abordé les faits nouveaux de la société québécoise.

Les enfants Dubuc : Alain, Geneviève
et Dominique

Chapitre I

LE CANADA

Cher ami français,
À l'heure où je vous écris, l'État du Québec fait partie du Canada.

Le Québec est une des dix provinces contre lesquelles le Canada se défend. Nos provinces ne ressemblent pas aux vôtres, que vous avez émiettées en départements, à grand renfort de fleuves. La province canadienne entretient avec l'État central des relations complexes qui provoquent des désaccords. C'est pour mettre fin aux désaccords entre le Québec et le Canada qu'un bon nombre de Canadiens français veulent rompre tout net les relations qui les causent.

Je vous parlerai d'abord du Canada. Rien de tel que d'aborder les sujets pendant qu'ils sont encore d'actualité.

Le Canada, puissance internationale

Le Canada est une vaste contrée qui, depuis la découverte de la valeur stratégique de l'Arctique, sert de tampon entre l'Union Soviétique et les États-Unis.

C'est dans le ciel du Canada qu'en cas de guerre s'atteindraient et se fracasseraient les missiles et les antimissiles que l'une ou l'autre puissance se lanceraient à travers l'espace. Envisager une telle éventualité serait oiseux et enlèverait tout objet à cette lettre, car les chocs et retombées nucléaires anéantiraient le Canada en même temps que votre avenir d'immigrant.

Le Canada est un pays fort distinct des États-Unis et en est nettement séparé : sur presque toute sa longueur, en effet, la frontière est une ligne droite. On aurait pu préférer des frontières naturelles, mais, à l'époque, l'insuffisance des connaissances géographiques ne permettait pas d'en trouver.

Rassurez-vous, Français désOTANisé : les États-Unis sont les alliés du Canada, ils garantissent l'intégrité de son territoire et pour ce faire ils s'y sont déjà installés militairement tout en s'emparant de son économie.

Le Canada, ex-colonie

Vous qui, à travers vos républiques, conservez une profonde nostalgie de la monarchie, serez ravi d'apprendre que le Canada est un royaume. La reine d'Angleterre, à ses moments perdus, est aussi reine du Canada.

Sa Majesté ne rend pas souvent visite à ses terres canadiennes et surtout québécoises, mais elle ne s'en abstient que par horreur des foules. Les défilés royaux au Canada provoquent des rassemblements républicains ; le peuple brandit des pancartes plutôt que des drapeaux et on doit réprimer son enthousiasme à coups de matraque.

La souveraine est représentée dans son ancienne colonie canadienne par un gouverneur général et dans chaque province par un lieutenant-gouverneur. Le gouverneur général ne gouverne généralement pas et le lieutenant-gouverneur ne lieutenant-gouverne pas.

L'un et l'autre, à l'ouverture des parlements, lisent au nom de la reine le discours du Trône, royalement mal rédigé par le gouvernement, et donnent la sanction royale aux documents officiels, ce qui nous évite de passer pour une république.

Dimensions

Le Canada est un pays à quatre dimensions, la quatrième étant la démesure. Il est 17 fois plus grand que la France et il n'a même pas fini de grandir. Il réclame — de concert avec les provinces ou en conflit avec elles — les terres immergées, riches en pétrole, bien au dela des limites des eaux territoriales. Vu l'ampleur de ses prétentions, il n'est pas exclu que le Canada étende son territoire à travers le Pacifique jusqu'à l'Australie et à travers l'Atlantique jusqu'à l'Europe. Cela vous faciliterait les choses : en mettant le pied à l'eau sur les côtes de France, vous seriez déjà au Canada.

Nous avons appris que « la France peut entrer trois fois dans le Québec ». Nous nous demandons toujours quand elle va se décider à le faire, ne fût-ce que pour une fois !

Géographie

Notre géographie est si tourmentée que nos professeurs d'école ont depuis longtemps renoncé à l'enseigner. Il vous suffira, étant Français, de savoir que, chez nous, il y a le golfe Saint-Laurent, lequel entoure les îles Saint-Pierre et Miquelon.

Mais familiarisez-vous avec certains termes qui n'ont pas le même sens au Canada qu'en France. Ainsi, ce que vous appelez un fleuve n'a ici que la valeur d'une rivière et l'importance d'un ruisseau.

Un fleuve, nous le savons, est un cours d'eau qui se jette à la mer et une rivière en est un qui se jette dans un fleuve. En Europe, vous vous êtes arrangés pour vous entourer de mers, de sorte que n'importe quel filet d'eau qui atteint la côte peut se donner l'illusion d'être fleuve.

Chez nous, ce n'est qu'au Saint-Laurent qu'est accordée la qualité de fleuve. Tout le reste, même ce qui se déverse dans la mer, n'est que rivières. Nous en avons tellement que nous ne nous donnons même plus la peine de les nommer. Il est des cours d'eau que vous auriez depuis longtemps baptisés, auréolés de souvenirs historiques, enveloppés de la dignité de fleuve, et que nous considérons simplement comme des obstacles à la circulation des automobiles.

Le nombre de nos lacs vous surprendra également, de même que leurs dimensions. Ne vous laissez pas égarer par certaines phrases snob négligemment jetées comme, par exemple : « Cet été, ma famille et moi, nous retournons au lac. » Il n'y a pas qu'un lac au Canada mais, pour le Canadien français, il va de soi que tout le monde connaît le lac où il a sa maison d'été…

Ce que vous appelez chez vous une forêt est ici un bois, une montagne une côte, et une vallée une ferme.

Mesures

Les distances, pour nous, n'ont aucune importance, nous n'hésitons pas à faire deux heures d'auto, soit une centaine de milles, pour aller nous faire servir un repas que nous dégusterons en une demi-heure*.

---

* Le système métrique a progressivement remplacé le système impérial depuis le milieu des années soixante-dix. Le succès est inégal et les résultats sont confus. Les grandes distances se mesurent en kilomètres, mais pas les petites, pour lesquelles on utilise encore les pieds. Les degrés Celsius se sont imposés, mais pas en cuisine, où le Fahrenheit reste roi. Le kilo et le litre dominent, sauf pour mesurer le poids et la taille des humains, où l'on parle encore de livres et d'onces, de pieds et de pouces. Quant au domaine de la construction, il est resté résolument impérial.

Le mille n'a rien d'absolu, il n'a pas la précision de votre kilomètre. « Un bon mille » a la valeur de deux ou trois milles, « deux ou trois milles » représentent un trajet indéterminé mais plutôt long, tandis que « c'est même pas un mille » dépend uniquement de l'attitude devant la vie de celui qui vous le dit, selon qu'il est actif ou paresseux, et des moyens de locomotion qui lui sont habituels, l'auto, le tracteur, la bicyclette, la marche ou la carriole.

La principale vertu de notre mille, c'est qu'il est élastique.

Je me plais à vous rappeler que nos mesures n'ont quand même rien de fantaisiste : le mille a exactement 5 280 pieds, ou 1 760 verges, et le pied exactement douze pouces, alors que la livre a exactement 16 onces, lesquelles, multipliées par trois, moins huit, nous donnent la pinte. Mais, dans la vie de tous les jours, vous vous familiariserez avec les mesures fixes, comme le 13 onces, le 26 onces et le 40 onces, le 5 livres de patates et le six-pouces du hockey.

Toponymie

Pour assimiler pleinement les noms des villes et des villages du Québec, il faut avoir une solide connaissance du martyrologe.

Il est bien peu de martyrs, de vierges et des confesseurs qui n'aient été mis à contribution dans notre toponymie nationale.

Un saint ou une sainte peut servir plusieurs fois, ce qui nécessite des précisions pour nous folkloriques mais qui pour vous seront alarmantes : Sainte-Émilie-de-l'Énergie, Saint-Pie-de-Bagot, Sainte-Rose-du-Dégelé.

Le regroupement de ce que vous appelez en France des communes et que nous offrons comme des municipalités ne s'étant pas encore fait — nous en avons plus de 1 500 au Québec —, nous nous permettons d'agréables variations sur le même thème et sur les mêmes reliques : nous distinguerons, sous le même haut et sacré patronage, Ste-Cécile-Village, ou Ste-Cécile-Paroisse, Ste-Cécile-en-Haut, Ste-Cécile-en-Bas, Ste-Cécile-Ouest, Ste-Cécile-Est, Ste-Cécile-Nord, Ste-Cécile-Sud, Ste-Cécile-Station, que sur les panneaux routiers on indiquera sous une forme abrégée que je vous défie de prononcer, par exemple, Ste-Cécile Vge, Ste-Cécile Psse, Ste-Cécile Sta ou même Stn.

Chapitre II

LE QUÉBÉCOIS

Français, il vous est maintenant possible d'émigrer au Québec sans trop passer par le Canada. L'État du Québec a institué un ministère *provincial* de l'Immigration exprès pour vous, ce qui donne à son gouvernement meilleure conscience, et un ministre de plus.

Le Québec pourra vous accorder les emplois que les services *fédéraux* d'immigration avaient promis à ceux de vos prédécesseurs parmi nous qui sont encore en chômage.

Les Français qui viennent nous repeupler sont triés sur le volet. Vous apprendrez avec plaisir que vous n'êtes pas n'importe qui !

L'enquête

Ministère provincial de l'Immigration ou pas, le Canada vous forcera à faire connaissance avec sa RCMP*, ou *Police*

---

* Le sigle RCMP, Royal Canadian Mounted Police, trop anglais, a disparu, tout comme l'expression police montée, sans doute trop bucolique. Nous *montée,* dont vous savez peut-être qu'elle n'est pas uniquement composée de chevaux.

Notre *Police montée* — vous en serez étonné — n'accepte en son sein que des célibataires. Curieux qu'un corps qui avait internationalement la réputation de ne jamais rater son homme n'ait même pas le droit d'attraper une femme.

La RCMP fait enquête sur tous les Français qui songent à émigrer chez nous : elle cherche à déterminer si le Français que vous êtes n'est pas par hasard yougoslave, polonais, tchèque, roumain, bulgare ou chinois — qualités qui lui apparaissent également détestables.

Notre police fédérale tient à savoir si vous êtes ce que vous croyez être et *a priori* elle vous considère subversif. Vous lui ferez la partie belle si elle apprend que vous êtes communiste, socialiste ou même radical. Le radicalisme, politiquement bénin chez vous, est toujours chez nous source d'inquiétude, et parfois même d'angoisse.

Cependant, elle n'insistera pas si elle découvre que vous appartenez à la SFIO, au PSU, ou au PC. Les renseignements et les cerveaux dont elle dispose ne lui permettent pas d'identifier les sigles de partis et elle s'imaginera qu'il s'agit là d'entreprises de bon aloi, comme la Société foncière et immobilière orangiste, le Pacte des Sociétés universitaires, et la Protection du capitalisme.

Les Canadiens français

Cher ami français, c'est sans doute à l'aéroport de Dorval que vous allez mettre pour la première fois le pied au Québec,

---

parlons maintenant de la GRC, la Gendarmerie royale du Canada, qui, signe des temps, accepte des femmes et, multiculturalisme oblige, accorde formellement aux sikhs le droit de porter leur turban plutôt que le légendaire chapeau scout.

bastion de la francophonie en Amérique du Nord. On vous y accueillera probablement en anglais.

Une fois passée cette épreuve, vous commencerez à devenir Québécois. Québécois, Canadien français, les deux termes sont interchangeables, je les emploierai l'un et l'autre.

L'État du Québec est, pour beaucoup de Canadiens français, le cadre territorial de leur nation. Ce point de vue agace la nation canadienne-anglaise qui ne reconnaît pas que l'autre en soit une et épouvante les Canadiens français éparpillés minoritairement à travers les neuf autres provinces, où on les traite avec une considération toute neuve et un mépris toujours égal.

Pour la plupart, nous nous disons Canadiens français au Québec mais, dès que nous voyageons dans le reste du Canada, nous insistons sur notre qualité de Québécois pour bien marquer le fait que nous nous trouvons en terre étrangère.

Vous ne tarderez pas à rencontrer votre premier Canadien français.

Notre courtoisie

Le Canadien français a, avec vous Français, des dissemblances heureuses. Il est courtois et serviable.

Demandez-lui un renseignement dans la rue, il vous le donnera. Vous serez ému de sa bonne volonté quoique étonné de son embarras et de son imprécision.

À Paris, par exemple, un Canadien qui dit à un passant : « Je voudrais aller à Notre-Dame » court le risque de se faire répondre : « Allez-y! Ce n'est pas moi qui vous en empêcherai! »

Ici, les circonlocutions dans la question sont de mise ; ne soyez ni trop brusque ni trop direct. Expliquez en détail ce que vous voulez voir, puis mentionnez que ça vous intéresse, mieux encore : laissez-le entendre. On ne demande jamais à un Canadien français où se trouve quelque chose ni comment on s'y rend. Le bon usage exige, avec le conditionnel : « Est-ce que vous sauriez ?... » C'est d'offrir au passant une porte de sortie au cas où il ne saurait pas. Il ne saura pas, ce qui ne l'empêchera pas de vous offrir ses services, afin de vous être inutile.

Le Canadien français pousse à un haut point de précision l'art d'être vague.

Comment vous expliquer cette gentillesse et cette courtoisie sans que vous, Français roublard, n'en preniez trop avantage...

Notre confiance

Naïfs que nous sommes, nous conservons l'esprit d'entraide du pionnier et du colon ; chez nous, il y avait de la place pour tout le monde, malgré les Français et les Anglais, et nous n'avons pas pu nous perfectionner dans l'art de dépouiller les voisins. Les Indiens n'étaient pas des voisins, mais des empêcheurs de danser en rond ; ce sont eux d'ailleurs qui dansaient en rond !

Longtemps, au Québec, on nous a fait croire que nous avions une vocation agricole alors que nous avions tout au plus un avenir de potager.

(Au lieu de cultiver une terre rebutante pendant trois siècles, nous aurions mieux fait de la creuser, mais, bien aidés en cela par le gouvernement central, nous avons préféré laisser les Américains s'emparer de notre sous-sol : plutôt que d'être la première puissance minière du monde nous sommes devenus des colonisés en profondeur !)

Nous avons été trop peu de temps agriculteurs pour acquérir la méfiance du paysan. D'autre part, nouveaux dans la Cité — les Canadiens français n'ont pas loin à aller pour retrouver leur souche dans le champ de patates — nous ne sommes pas corrompus par l'agressivité compétitive des sociétés urbaines fortement organisées. Nous sommes foncièrement bons et, partant, aisément roulés.

Confiants, nous acceptons le prochain tel qu'il se dit ; ni lui ni nous n'avons de papiers d'identité. Nous savons « donner une chance à l'autre » — américanisme équivalant à « donner le bénéfice du doute ». Exemple : « Les États-Unis donnent à tout pays la chance d'adopter une démocratie de type américain et au besoin y envoient leur armée pour lui enlever le bénéfice du doute. »

Les institutions britanniques nous ont marqués plus que nous voulons l'admettre. Le code pénal français vous présume coupable. Le code pénal anglais — que nous avons conquis avec la Conquête — nous présume innocents et, ne nous sentant pas continuellement soupçonnés ou accusés, nous n'éprouvons pas comme vous le besoin de nous justifier et de prouver notre bonne foi. Le Canadien français est souvent cru sur parole, le Français démenti avant que de parler.

* * *

En France, tout citoyen se présentant comme agent de l'État est forcé de prouver qui il est et même, une fois qu'il l'a prouvé, se voit contester le droit d'agir. Au Québec, tout homme qui se dit représentant des autorités — policier en civil (en bourgeois ?), inspecteur spécial, vérificateur quelconque — sera accepté comme tel, de confiance, sans discussion. Il procèdera à son travail et se livrera à des interrogatoires indiscrets sans même dire ce qu'il vient faire ni qui le délègue : le Canadien français s'ingéniera à deviner en silence quelle autorité il peut avoir et à lui en imaginer une qui convient aux circonstances.

Le Canadien français empoche facilement le chèque d'un

inconnu alors que le Français scrute avec suspicion le billet de banque de son meilleur ami ; le Canadien français laisse son enfant pris en faute s'expliquer tandis que le Français donne tort au sien par principe et le punit d'avance à tout hasard.

* * *

Comme les Américains et les Anglais, le Canadien français trouve tout normal et ne s'étonne de rien. Il accepte l'imprévu et les petites misères de la vie avec une réserve et une indifférence qui constituent moins une résignation à la fatalité qu'un paresseux refus de la révolte.

Une tempête qui met ses projets à l'eau ne tirera de lui que : « Pourtant, il faisait si beau hier » ; un pneu crevé ou une panne ne le poussera pas à fulminer, il sera plutôt porté à s'excuser : « C'est pas de ma faute ! » ; faire la queue ne lui fera pas perdre la tête : « On aurait dû arriver avant ! » et l'audacieux qui se faufile devant lui ne l'incitera pas à protester, il dira : « Un de plus, un de moins ! »

La majorité des Canadiens français, si on ne leur rend pas la monnaie exacte, à leur détriment bien entendu, seront trop embarrassés pour se plaindre. Ils ne voudraient du reste pas faire de la peine à la caissière en lui signalant son erreur.

Notre fatalisme s'accompagne d'une distorsion du sens des valeurs et de la perte de la faculté d'émerveillement. Qu'une jeune femme en robe de bal émerge soudain en plein jour, et en plein hiver, d'un regard d'égout (l'expérience a déjà été tentée), il passera sans même s'arrêter. C'est à peine s'il se laissera aller à penser qu'« il y a des gens qui font de drôles de choses ».

Mais n'oubliez pas qu'il est courtois : demandez-lui d'aider la jeune personne à s'extirper de ce lieu bizarre, il le fera avec empressement, sans poser de questions. Tout au plus ses yeux prendront-ils le regard un peu vitreux de l'homme qui se refuse à voir ce qui peut lui faire perdre contact avec la réalité. Il ne racontera pas l'incident, il se dira : « C'est pas arrivé ! »

Vous réussiriez à introduire une vache dans le métro que le Canadien français n'en serait pas surpris. Peut-être s'esclafferait-il devant cette incongruité, mais il n'irait pas jusqu'à chercher à percer le mystère de la présence de la vache. Il aura rationalisé : « Si la vache est là, elle doit avoir une *maudite* bonne raison ! »

* * *

Le Canadien français n'éprouve pas plus d'émerveillement devant la nature. Il n'est pas ému par les richesses qui l'entourent, il serait même porté à les détruire — avec la coopération des services des Travaux publics.

Notre tolérance

Enfin, le Canadien français ne se scandalise pas plus qu'il ne s'émerveille. Les défauts des voisins le laissent aussi indifférent que leurs qualités. Il accepte chez les autres des faiblesses et des extravagances qu'il ne se permettrait pas lui-même. Il aura toujours le mot qui rachète. D'un politicien, il dira : « C'est un voleur, mais il connaît son affaire ! » ; d'un ami : « Il boit comme *un trou,* mais il a une *saprée* belle voiture ! » ; d'un villégiateur : « Il est complètement fou, mais c'est un gars de la ville ! »

* * *

Vous, Français, êtes né rouspéteur. Ici, vous devrez désapprendre à l'être. Il n'est guère amusant de rouspéter quand on est le seul à le faire.

Le Français protestera contre la bureaucratie et engagera des luttes ouvertes ou sournoises avec les fonctionnaires, même s'il sait qu'il devra finir par se soumettre.

Le Canadien français se plie d'emblée à toutes les tracasseries et plutôt que de croire qu'on abuse de lui il craint de ne pas mettre assez du sien. Il se fend en quatre pour faciliter la besogne à celui qui veut lui mettre le pied quelque part!

Il ne faut pas cependant exagérer et nous pousser à bout. Le Canadien français excédé aura parfois à la bouche une forme spéciale du mot de Cambronne, qu'il emploiera dans une locution à résonance alimentaire.

Notre rire

Nous aimons les phrases à l'emporte-pièce, ce qui ne veut pas dire que nous soyons grossiers et brutaux. Mais nous n'accordons pas la même valeur que vous aux mots d'esprit. Nous ne manquons pas de subtilité et nous ne sommes pas insensibles aux finesses du langage. Mais l'esprit français ne nous touche pas, nous préférons carrément l'humour à l'américaine: la phrase choc qui ponctue l'exposé, la conclusion coupante qui fait éclater de rire, la chute — que nous appelons le « punch ».

Le Canadien français a une façon bien à lui — que vous ne saisirez pas toujours — de résumer d'une phrase vigoureuse les situations pénibles dans lesquelles il se laisse entraîner. C'est peut-être la seule fois qu'il fera preuve de concision et de netteté.

Il rit plus de lui-même que des autres. S'il blague quelqu'un, il n'a pas recours à l'ironie; il préfère le sarcasme et ne rate pas son homme. Parmi ses cibles préférées, il y a le clergé* et les politiciens. Rassurez-vous: pas les Français.

---

* L'anticléricalisme a disparu, faute de clergé.

Nous aimons raconter des « histoires » ; celles qui nous amusent ne vous feront pas nécessairement rire. Vous noterez qu'elles témoignent d'un certain sens de l'absurde que nous ne manifestons jamais dans l'expérience vécue.

Notre puritanisme

Nous racontons bien et avec verve, mais notre exubérance ne va pas plus loin. Dans la conversation courante et la vie de tous les jours, nous sommes plutôt réservés. On dirait que nous souffrons encore de la passivité de nos ancêtres colonisés. Nous n'avons pas la vertu de soumission que le clergé a consciencieusement inculquée à nos pères, pour leur bien, en leur disant à peu près ceci : « Il faut vous protéger contre les mauvaises influences et les protestants. »

Pourtant, nous avons été touchés par le puritanisme anglo-saxon. Il est venu, justement, renforcer le sens du péché qu'avait entretenu avec soin notre Église.

Nous n'obéissons plus à notre clergé, qui n'obéit plus à ses évêques : nous sommes vaillamment, parfois férocement, libres de mœurs. Mais, marqués par deux formes de contrainte également détestables, nous sommes puritains dans notre conception de l'existence et dans l'ensemble de notre comportement. Nous avons, entre autres choses aussi malsaines, la pudeur de nos sentiments.

Comme si parler ouvertement était un plaisir défendu, le Canadien français éprouve autant de mal à mettre ses pensées en paroles qu'à les exprimer en bon français !

Notre langue

Vous ressentirez donc, Français, un plaisir inattendu à parler aux Canadiens français, il y en aura toujours un ou

plusieurs à vous écouter sans vous interrompre et à vous laisser discuter à loisir sans vous donner la réplique.

* * *

Ne craignez surtout pas de ne pas être compris de nous.
Votre accent est sans doute différent du nôtre, mais dans certains de nos milieux on s'efforce avec une touchante naïveté à
parler le plus parigot possible : le danger pour vous dans ces
milieux serait non pas que vous parliez trop bien mais que
vous ne *sonniez* pas assez Français.

* * *

Ayant l'habitude des Français, nous ne leur trouvons rien
d'inintelligible… Nous avons reçu le général de Gaulle et
nous l'avons compris.

Il se peut — si nous parlons — que vous ne nous com-
preniez pas du premier coup. Nous n'en serons pas offensés,
à condition toutefois que vous nous épargniez le traitement
infligé aux Canadiens français à Paris : « Monsieur veut
dire… ? »

On fait souvent aux Québécois, surtout aux citadins, le
reproche d'émailler leur langue de mots anglais, même de
verbes anglais qu'ils conjuguent en français, fabriquant une
langue bâtarde qu'on a appelée le *joual* (*cheval* prononcé avec
fluidité). Si nous laissons l'anglais s'introduire dans notre
langue, c'est par paresse, par ignorance, parfois hélas ! par
obligation, mais jamais par servilité ou par snobisme, ce qui
nous donne un avantage moral sur les Français.

Certains Anglo-saxons bilingues prennent de haut notre
langage, murmurant que, eux, ils ont appris le « Parisian
French ». Ils n'ont pas dû avoir de mal : ils ont repêché la moitié de leurs propres mots dans le vocabulaire parisien.

Notre vocabulaire

Nos aimons employer des mots et des expressions dont vous ne saisirez pas tout de suite le rythme poétique. Une bonne partie du vocabulaire de la langue parlée des Canadiens français suppose une longue pratique du culte religieux.

Que nous soyons en colère ou simplement en forme, nous ponctuons et agrémentons nos phrases de noms d'accessoires d'église et d'importants personnages qu'on situe généralement au ciel, choisis avec une féroce conviction ou agglutinés au hasard de l'inspiration, entremêlant le ciel et l'église et les enrichissant de références à des lieux retirés qu'on n'associe pas à la sacristie et à des exercices qui n'ont rien à voir avec la liturgie. Mots qu'on apprend très jeune : il faut bien s'en servir quelque part !

Vous croirez peut-être nous faire plaisir en adoptant en tout ou en partie ce vocabulaire religieux tiré patriotiquement de notre patrimoine national… Ce serait une erreur. Vous arriverez peut-être à assimiler ce que nous appelons par euphémisme nos jurons mais vous ne posséderez jamais dans toute sa perfection l'accent canadien-français. Rien n'est plus blasphématoire que de *sacrer* avec l'accent français.

Notre hospitalité

La chose est connue : chez vous, le Canadien français, comme tout étranger, n'est pas reçu *dans les familles*.

Oh ! je sais que pour l'instant nous sommes à la mode : il est de bon ton à Paris d'avoir « son » Québécois. Mais cet engouement sera éphémère, vous ne nous trouverez pas longtemps intéressants. Bientôt, quand l'un d'entre nous arrivera à Paris, vous ne l'entourerez plus en vous demandant montesquieusement : « Comment peut-on être Québécois… ? »

Je connais des Canadiens français qui ont vécu deux ans à Paris et qui n'ont jamais été invités par un Français à venir prendre *un repas fait à la maison*.

Rien de tel chez nous au Québec, les portes vous seront tout de suite ouvertes et vous pénétrerez d'un saut dans nos familles. Vous connaissez nos qualités, il vous reste maintenant à nous voir à l'œuvre et aux prises avec nous-mêmes. Cela vous sera facile, parce que nous vous accueillons sans méfiance. Vous serez très tôt invité à un *party* — expression équivalant à votre garden-party à cette différence près que chez nous il a lieu partout ailleurs que dans les jardins.

Chapitre III

PAROLES D'UN QUÉBÉCOIS

Comment ça va ?

Dans notre façon de nous aborder, nous sommes marqués par les trois « civilisations » qui nous ont formés ou influencés : des Français, nous avons retenu le goût d'être affables et prodigues de salutations ; des Américains, la cordialité cavalière et l'apparente bonhomie ; des Anglais, le respect distrait de la formule et l'indifférence à l'égard du prochain.

Le « Comment ça va, mon vieux ! » qu'on entend des milliers, sinon des millions de fois par jour, dans tout le Québec, illustre ces trois tendances ou ces trois influences.

Français que nous sommes, un simple « bonjour » ne nous semble pas suffisant : la galanterie française exige que nous nous engagions dans les affaires des autres.

Américains que nous sommes devenus, nous évitons le formalisme trop précis du « comment allez-vous ? » ou du « comment vas-tu ? » pour généreusement nous lancer dans le vague et le général et par un « comment ça va ? » englober toute la situation, la maison, les affaires, les projets d'avenir, sans compter les femmes et les petits enfants.

(Le « mon vieux » est facultatif; il est une abréviation psychologique de « mon vieil ami », et s'emploie pour interpeller quelqu'un qui n'est ni un vieil ami, ni même un ami, ni parfois autre chose qu'une simple connaissance dont on peut se permettre ainsi d'ignorer le nom.)

Anglais un peu, par contact et à contrecœur, nous savons, consciemment ou non, imprimer au « comment ça va? » la froideur exacte qui n'invite pas la réponse, et l'accompagner du regard absent qui témoigne d'une indifférence complète et d'une secrète angoisse d'être pris au mot. Une réponse constituerait non seulement une trahison mais un manquement au bon usage. On s'en tient à :

— Comment ça va, mon vieux?

— Pas mal, (merci), et toi?

— Pas mal, (merci).

Le « merci » n'est pas obligatoire, il est un enregistrement officiel de l'intérêt que l'autre fait mine de porter.

Les Anglais ont réussi à simplifier le problème : ils réduisent l'échange de politesses à deux courtes phrases exclamatives qui ont l'indéfinissable ton d'une simple constatation :

— How do you do!

— How do you do!

Les Canadiens français ont emprunté le procédé et on en trouve beaucoup qui, en se rencontrant, évitent de se répondre, ce qui donne, dit de préférence simultanément :

— Comment ça va!

— Comment ça va!

La question, d'avance superflue et destinée à rester sans réponse, est devenue une affirmation, qui rejette les soucis que peuvent nous causer les malheurs des autres.

Ce n'est que dans le domaine épistolaire que l'intérêt à l'égard d'autrui se manifeste par erreur; fort souvent, on termine une lettre en écrivant négligemment : « Donne-moi de tes nouvelles. » Le plus souvent, on en reçoit.

De toute façon, il est fort rare qu'on demande sérieusement des nouvelles de quelqu'un et presque aussi rare qu'on en reçoive. Le « comment ça va ? », exclamatif ou non, pourrait être remplacé par une tournure plus constructive qui dissiperait tous les doutes et éliminerait tous les risques. Par exemple :

— Je vais bien. Et toi aussi. Bonjour !

Causer avec les dames...

Est-ce l'atavisme de l'antique église paroissiale ? Dans un *party*, les hommes restent de leur côté et les femmes du leur.

Les Canadiennes françaises ne choisissent pas de débattre entre elles seules leurs mutuels soucis domestiques : elles aimeraient que les hommes leur parlent. Les Canadiens français ne tiennent pas à faire bande à part pour *causer sport, voitures et sexe* : ils aimeraient parler aux femmes. Mais, ne sachant que leur dire, ils les évitent ; elles, ne sachant comment les inviter à parler, se laissent éviter.

Un Français aura du succès avec les Canadiennes françaises et il n'aura même pas à se mettre en frais. Un simple compliment les lui gagnera : elles n'en reçoivent jamais. Elles disent que les compliments ne les intéressent pas, mais elles nous en veulent sourdement de ne pas leur en faire.

Vous verrez qu'en général la Canadienne parle plus que le Canadien. C'est qu'elle a moins de pudeur que lui. Si vous voulez vous enfoncer plus avant dans l'intimité de la femme, parlez-lui de vos difficultés d'adaptation : vous savez comme moi que dans ses relations avec l'homme le plus bas instinct de la femme est l'instinct maternel.

Je vous présente...

Sachez tout d'abord à qui vous parlez, homme ou femme. Réticent à son propre égard, le Canadien français pèche par abus de confiance quand il s'agit des autres : tout le monde qu'il connaît se connaît. Il commencera une présentation qu'il ne peut éviter en affirmant : « Tu connais un tel... » ou « Tu as déjà rencontré une telle... » Il ne se gênera pas non plus pour assurer, en mettant face à face de parfaits inconnus : « Vous vous connaissez... »

Normalement, on présente les hommes aux femmes, les plus jeunes aux plus âgés, les jeunes filles aux dames, etc. ; le Canadien français d'à peu près toutes les couches sociales néglige ces petites nuances qui mettent un peu d'ordre dans les rencontres : il fait tout ça pêle-mêle, présentant sa femme à un petit jeune homme, amenant une digne grand-mère à une toute jeune fille, et même — impair suprême — donnant sur un curé la priorité à des personnages incertains, qui sont possiblement agnostiques.

Cela n'aurait sans doute guère d'importance si tout le monde, une fois présenté, finissait par se connaître, c'est-à-dire se reconnaître ; mais il n'en est pas ainsi : dès qu'il y a plus de deux personnes à présenter, il se produit un tohu-bohu indescriptible, duquel ressortent quelques noms qu'on ne s'aventure pas à rattacher à qui que ce soit, quelques titres épars qui flottent dans l'air et qu'on n'ose pas distribuer, et quelques virginités officielles désignées sous le nom de mademoiselle, dont on ne sait pas à qui les accoler.

* * *

Vous noterez une autre manifestation de notre pudeur et de notre tendance à l'approximation : nous avons peur de nommer autant les êtres que les choses par leur nom.

Le chef de famille ne sait même pas présenter sa propre famille. Il a une femme qui est sa femme devant Dieu et devant les hommes (et, hélas ! parfois devant les femmes) ; pourtant, quand il la présentera, il dira : « Je vous présente ma *dame*. »

Rien n'est plus beau que l'expression « mon fils » ; le père la négligera et dira plutôt : « Je vous présente mon *garçon.* »

S'il est un cas où le nom de « fille » prend sa réalité, c'est lorsqu'il accuse la filiation ; le père pourrait avec fierté dire de sa fille qu'elle est sa fille, sans craindre le sens péjoratif qu'on donne au mot, surtout quand on l'emploie au pluriel (v.g. « il court les filles »). Mais, au moment de la présenter, il qualifiera le vocable, ce qui donnera : « Je vous présente ma *jeune fille.* »

En résumé, « ma femme, mon fils et ma fille » deviennent « ma dame, mon garçon et ma jeune fille ». L'homme qui présente ainsi sa famille mériterait que sa femme le nomme « mon conjoint » et que ses enfants l'appellent « il ».

Partir, c'est mourir beaucoup…

La soirée se termine : notre délicatesse un peu… fruste et notre pudeur, notre crainte de déranger les autres et de nous faire remarquer nous jouent de mauvais tours. Observez-nous nous quitter, nous qui mettons tant de désinvolture à nous aborder ! La plus dure épreuve à laquelle est soumise la politesse des Canadiens français est celle du départ.

Il viendrait difficilement à un Canadien français moyen, c'est-à-dire de bonne éducation, l'idée de se lever, de dire bonsoir et de quitter une réunion au moment où ça lui plaît ou que ça devient nécessaire. Non, un départ se prépare, se provoque, s'agence, s'explique ou même s'excuse, donc se retarde.

Dans la vieille société française, on prenait congé avec soin, mais encore avait-on le souci de ne partir que sur un bon mot ou après avoir provoqué un concours de circonstances qui soulignerait l'élégance du départ et le ferait regretter. Le Canadien français, lui, est simplement embarrassé de partir.

On devrait pouvoir dire : « Je dois partir, et, comme je me plais ici, j'ai consacré pleinement à la réunion jusqu'à la dernière seconde du temps dont je dispose : je vous quitte donc en vous dispensant des vaines formules de départ. » Malheureusement, c'est difficile et ce serait probablement fort mal reçu. Aussi, s'arrange-t-on pour préparer péniblement et de longue main le moment où on aura envie ou besoin de partir et se gâtera-t-on ainsi la dernière demi-heure de la réunion.

Toutes les formules sont bonnes à celui qui se ménage une porte de sortie. Il profitera d'un silence pour faire remarquer : « Je pense bien qu'il commence à se faire tard » ou « Nous autres, on va se trouver à se lever pas mal tôt demain matin » ou, si c'est le samedi soir : « Ça ne m'étonnerait pas qu'on aille à la messe de neuf heures... » (Désuet, mais accepté*.)

Lorsque l'occasion sera propice, il laissera tomber : « Ouais, je pense bien qu'on est sur notre départ. » Un peu plus tard, à personne en particulier, il confiera : « Il faudrait qu'on pense à mettre les voiles », ou « ... à lever le camp. »

Le mot « partir » dans son sens propre doit être soigneusement évité : tous les synonymes, surtout périphrasiques, sont acceptables.

Une fois levés, les visiteurs ne s'en tireront pas à si bon compte ou ne tiendront pas quittes leurs hôtes. La politesse exige qu'au moment où tout le monde est debout et qu'on n'a exactement plus rien à se dire, on se le dise quand même dans l'escalier ou le vestibule.

Ni, ne, non, pas...

Vous allez trouver que j'insiste beaucoup sur notre pudeur. Je ne le ferais pas si elle n'expliquait tant de choses. Le

---

* De nos jours, carrément suspect.

Canadien français sait dire « oui », il préfère dire « non » ou, mieux encore, ne pas le dire du tout mais le laisser entendre.

Il est passé maître dans l'usage de la négation raffinée et l'art subtil de ne rien déclarer qui soit affirmativement choquant, ou choquant dans son caractère affirmatif.

Votre Daninos fait remarquer quelque part que, chez tous les peuples sauf les Français, lorsqu'on demande à quelqu'un comment il va, il répond : « Ça va », tandis que le Français à qui on le demande répond : « On se défend ! »

Le Canadien français, lui, répond rarement que « ça va ». Il préfère : « Ça va pas mal. »

Dans le même ordre d'idées, le Canadien français, d'une jolie femme qui lui touchera de près, évitera de dire qu'« elle est bien », se contentant d'avouer qu'« elle est pas mal », ou mieux encore qu'« elle est pas pire ». Mis au pied du mur, il n'opinera pas : « Elle est jolie » ; il admettra : « Elle n'est pas laide. »

Parlant des membres de sa famille, de ses amis ou même de purs étrangers, il aura des compliments surprenants dans leur pudeur, comme : « Il n'est pas fou », « Il est loin d'être bête », ou mieux, « Il est pas *barré* ». Le compliment suprême, au sujet d'un politicien, sera : « Il n'est pas voleur comme les autres » ; d'un couple : « Ils ne se chicanent pas » ; d'un riche : « Il est pas dans la rue ! »

*   *   *

Le Canadien français manifeste la même étrange pudeur devant la bonne cuisine. Un repas planureux ne lui fera pas dire : « J'ai bien mangé ! », mais « Je crois bien que je n'ai plus faim ! »

Le goût de reprendre d'un plat ne s'exprimera pas par une affirmation : « J'en reprendrais ! », mais par : « J'en refuserais pas ! »

Cette tendance à l'appréciation négative se révèle dans toute sa force lorsqu'un plat particulièrement réussi, qui a peut-être demandé des heures de travail et d'amour, arrachera l'aveu : « C'est pas mauvais ! » ou « C'est pas méchant ! »

Le temps qu'il fait poussera le Canadien français à des prodiges de négation. L'hiver, au lieu d'avouer qu'il fait plus chaud, il consentira à ce que soit moins froid qu'hier ; plutôt que de déclarer qu'il fait vraiment froid, il soutiendra que « c'est pas chaud ». L'été, il ne sera pas question d'admettre positivement la chaleur : « Moi, c'est pas la chaleur, c'est l'humidité. » De façon générale, il jugera n'importe quel été en disant : « On n'a pas eu d'été », et n'importe quel hiver en soupirant : « On n'a plus les hivers qu'on avait. »

Relatant un risque qu'il a couru, il ne dira pas : « J'ai eu peur », mais « Je n'ai pas aimé ça », ou, mieux, « J'étais pas gros. »

La négation la plus affirmative et la plus savoureuse dont j'aie eu connaissance est celle d'un employé de bureau qui, entrant dans une pièce interdite pour y prendre un verre d'eau et surprenant une scène si peu destinée à ses yeux qu'elle aurait pu lui coûter son emploi, a fait demi-tour en affirmant à part soi : « C'est ici que je bois pas ! »

La téléphonite

Chez vous, en France, il est plutôt difficile de communiquer par téléphone*. Le téléphone est un instrument dont vous vous méfiez à juste droit : le système de communications est capricieux, les téléphonistes inopérants ou insolents, l'interurbain une affaire de chance, sans compter que vous payez l'appel téléphonique à la pièce, ce qui vous rend peu réceptif aux charmes du récepteur.

---

* En trente ans, la France a réussi à corriger sa réputation.

Rien de tel chez nous : notre réseau de téléphone est impeccable et l'orientation des lignes d'une souplesse exagérée : tout invite à la *communication,* à l'*échange* et au *dialogue.* Si vous voulez vivre heureux parmi nous, il faudra vous y faire, rien ne vous vaccinera contre le virus de la téléphonite.

* * *

On prétend que les Canadiens et plus précisément les Québécois sont le peuple qui téléphone le plus au monde. Il serait faux d'en conclure que nous sommes ceux qui ont le plus de choses à dire. Au contraire.

Quand on n'a rien à se dire, cela prend plus de temps à expliquer pourquoi on téléphone. Une fois qu'on a raccroché, on a l'impression que l'explication a été incomplète ou embarrassée. On retéléphone pour vérifier ce qu'on a dit ou même pour tâcher de savoir pourquoi on a appelé la première fois. À moins que l'interlocuteur n'ait pris les devants et n'ait rappelé à tout hasard pour déterminer s'il avait bien compris.

On retéléphone pour remercier, l'autre retéléphone pour assurer que cela ne valait pas la peine de remercier et ce petit combat d'amitié ne se termine que lorsqu'on s'appelle exactement en même temps et qu'on découvre que la ligne de l'autre est occupée. Cela pourrait expliquer bien des statistiques.

* * *

Les Canadiens français sont devenus esclaves du téléphone : ils ne peuvent s'en passer et acceptent qu'il les persécute. Il en est parmi nous qui, mordus de solitude, se refusent à répondre à leur porte, quelle que soit l'insistance des coups de sonnette. Peu ont le courage moral de ne pas répondre au téléphone même s'il sonne en pleine nuit.

Le Canadien français abuse du téléphone et s'y montre tyrannique parce que, paradoxalement, il est incertain de lui-même.

Il éprouve un sentiment de puissance à sentir l'autre à sa merci au bout du fil, à le forcer à répondre et à parler, tout cela grâce au mot magique qu'il fait prononcer et qui cloue au récepteur : « Allô ? » Il entre de plain-pied dans l'intimité de n'importe qui, il n'a qu'à connaître son numéro de téléphone, mieux encore, à tomber dessus par hasard.

Le téléphone sert aussi au Canadien français à donner le change sur lui-même et à se permettre une fantaisie dont il est incapable dans la vie de tous les jours.

Il peut, par un simple jeu de la voix, quelques nuances dans les intonations, donner une image de lui qui est loin d'être conforme à la réalité. Il téléphone en sous-vêtements et, par le ton autoritaire et sophistiqué qu'il prend, fait croire qu'il s'apprête à partir pour le bal ou, c'est encore plus chic, pour le théâtre. À l'inverse, s'il attend fébrilement le moment de raccrocher pour se lancer à la conquête de la vie nocturne, il prend un ton ennuyé et endormi, laissant entendre qu'il est couché ou sur le point de l'être. Il peut avoir l'air gai, profond ou détaché selon l'impression qu'il veut produire ; avoir l'air seul s'il ne l'est pas ; et à l'occasion, par méchanceté, avoir l'air d'être plusieurs alors qu'il est seul.

* * *

L'interurbain… Pourquoi a-t-on choisi trois minutes comme unité de temps réglementaire* ? Le coup de téléphone interurbain, lorsqu'il n'est pas impérativement justifié, prend toujours plus de trois minutes : à mesure que l'on parle on

---

* L'unité de mesure de base tend désormais vers la nanoseconde.

trouve des choses à ne pas se dire. Par contre, lorsqu'il est nécessaire, ce qui est essentiel se dit à peu près en vingt secondes.

Partout en Amérique, semble-t-il, des services gouvernementaux plus ou moins secrets suivent les conversations téléphoniques par le moyen des tables d'écoute… Les citoyens devraient se révolter contre ces procédés, non pas parce qu'ils constituent une violation de la vie privée, mais parce qu'ils coûtent inutilement de l'argent aux contribuables… S'est-il jamais dit quelque chose d'important au téléphone?

* * *

Au bout de deux jours au Québec, agacé, menacé, terrifié par le téléphone, vous vous rappellerez avec nostalgie les barrières qui, en France, s'opposent à ceux qui veulent communiquer par téléphone. Vous attendrez l'occasion de rompre avec toutes les conventions au prochain appel:

— Allô?

— M. Français?

— Je ne suis pas là!

Ou vous rêverez d'une conversation téléphonique idéale, qui en quelques mots va à l'essentiel:

— Allô?

— Mademoiselle, je suis sa femme. Réveillez-le!

Chapitre IV

LA FAMILLE QUÉBÉCOISE

Je vous ai dit que vous entreriez facilement *dans les familles*. Vous y serez d'autant plus à l'aise que vous êtes notre « cousin français ». Un cousin de plus, hélas !

Les familles françaises sont de petites unités dont le dénominateur commun est qu'elles s'arrêtent toujours quelque part.

La famille canadienne-française a ceci d'alarmant qu'elle n'en finit plus, en ce sens qu'elle est inépuisable.

Les parents vagues

Nous sommes tous un peu parents chez nous. Mais plus ou moins. Il faut y voir clair et ne pas s'embarrasser d'une famille qu'on a le bonheur de ne pas avoir. En un mot : distinguer les parents vagues des parents obligés.

On applique ici le terme « famille » à deux espèces de conglomérats et d'agglutinations. La famille proprement dite, qui vit sous le même toit. Et la famille au sens large : fils et filles mariés, leurs époux et leurs enfants ; frères et sœurs, beaux-frères et belles-sœurs du père et de la mère de famille, donc oncles et tantes des fils et filles de la famille proprement dite ; oncles ou tantes du père et de la mère et ainsi grands-oncles ou grands-tantes des jeunes ; en outre, tous les enfants de cette ribambelle d'oncles et de tantes, qui portent fièrement les noms de cousins germains et de petits-cousins ; enfin, les parents et alliés proches ou éloignés qui constituent en quelque sorte l'arrière-ban de la famille et qui ne se vanteront d'être de nos parents que si nous sommes quelqu'un ou avons de l'influence, tout en se défendant de l'être si le dernier scandale dans notre famille immédiate a été particulièrement « dégueulasse ».

La famille forcée

La famille proprement dite, qui vit sous le même toit, est celle que vous connaîtrez. La famille canadienne-française est l'unité maximum qui soit économiquement viable et au sein de laquelle aucun des membres ne soit capable de vivre.

Oh ! le papa aime la maman et vice-versa ; les frères et sœurs se chérissent, cela va de soi ; mais on s'est aimé et chéri si longtemps qu'à l'amour se substitue une haine sourde et bienfaisante qui, par les accès de cruauté qu'elle provoque, rend possible et même gaie une vie commune en principe inacceptable.

La famille canadienne-française au fond est très heureuse. Elle survit à toutes les épreuves, aidée un peu en cela par les nécessités économiques, les difficultés pratiques du divorce*, le respect du qu'en-dira-t-on, la crainte de l'aventure et la puissance juridique de l'autorité parentale qui empêche les enfants de s'enfuir en bas âge.

---

* Le poids des valeurs religieuses a longtemps rendu le divorce très difficile. Mais après l'instauration, tardive, des mariages et des divorces civils, les Québécois ont trouvé une solution encore plus simple pour éviter le divorce. Ils ne se marient plus. De toutes les sociétés occidentales, c'est le Québec qui présente le plus haut taux d'unions libres.

Le matriarcat

Homme de France, pour devenir vraiment Québécois, il vous faudra consentir à un grand sacrifice.

Dans la famille du Québec, comme d'ailleurs dans toutes celles de l'Amérique du Nord, l'homme ne garde plus que les apparences de l'autorité. L'homme ordonne, mais c'est la femme qui commande et ce sont généralement les enfants qui l'emportent.

Le budget, l'orientation de l'activité familiale — et même conjugale — relèvent de la compétence et du ressort de la femme. La mère de famille choisit qui recevoir et où être reçu, détermine le lieu des vacances familiales et, ayant plus de loisirs à consacrer à la lecture, la radio ou la télévision, dicte à son mari les opinions qu'elle juge conformes à leur situation.

La femme ne reconnaîtra la suprématie du mari que pour lui faire porter la responsabilité d'une mauvaise décision qu'elle a prise, mais cela ne se produit que rarement car elle n'admet jamais qu'elle a tort.

Les enfants, pour leur part, échappent à peu près complètement à l'autorité familiale. Ils prennent toutes les libertés, sauf celles qu'on leur accorde, car, s'ils vomissent la vie et la société, c'est par-dessus tout contre les parents compréhensifs qu'ils se révoltent.

Vous, Français, qui avez la gifle paternelle facile, serez surpris de voir comme nous, Québécois, sommes à la merci de nos enfants. Axiome courant chez nous : « On ne doit frapper un enfant qu'en cas de légitime défense. »

Conséquences du matriarcat

La forme de matriarcat dont il est affligé a changé bien des choses dans les habitudes courantes du Canadien français. Ainsi, il ne se sent pas soumis aux vieilles règles d'étiquette qui forcent l'homme à accorder à la femme une sollicitude qu'elle ne mérite plus. Ce serait plutôt l'homme asservi et dominé qui aurait droit à la protection féminine.

Dans la rue, le Canadien français ne prend presque plus la peine de saluer d'un coup de chapeau une femme. Ni, du reste, un ecclésiastique*!

Nous nous levons de moins en moins dans un salon lorsqu'y entre une femme : les entrées sont nombreuses, cela devient fatigant et, nous levant sans cesse, nous risquerions de nous faire chiper notre place — par une femme.

Lorsque la dame que nous accompagnons se lève, nous restons assis. Peut-être en avons-nous pris l'habitude ailleurs ? L'homme couché se lève-t-il automatiquement quand la dame à qui il tient compagnie met pied à terre ?

* * *

Le Canadien français n'avance plus sa chaise à une dame qui s'assied à table et ne la lui retire plus quand elle se lève. Il se défie de son sens de la synchronisation. S'il retient un instant de trop la chaise quand la dame s'installe, elle s'asseoit par terre ; s'il retire trop tôt la chaise quand la dame se lève, elle est traînée assise et sous le contrecoup plonge la tête la première dans une assiette.

J'ai connu un homme qui, pour aider une dame à se lever — elle y tenait ! — repoussait la table pour dégager la place : la table allait bousculer les gens d'en face, mais, disait-il, « L'homme courtois est essentiellement individualiste et ne se reconnaît aucun devoir envers la collectivité. »

---

* Le port du chapeau a été abandonné. Les Québécois se couvrent encore la tête l'hiver, pour se protéger du froid. Mais ces coiffes fonctionnelles, tuques, bonnets de fourrure, ou encore l'omniprésente casquette de base-ball, se prêtent mal au charmant rituel du coup de chapeau.

* * *

Le Canadien français ne s'embarrasse plus d'aider une dame à retirer ou remettre son manteau et ses bottes. Tout en refusant de nous mettre au service de la femme, nous concevons la politesse comme l'art du respect d'autrui, non pas comme une forme de persécution.

Dans ces histoires de bottes et de manteaux, nous voulions être polis et nous passions pour des satyres. Ayant en mains un lourd manteau féminin de fourrure, nous ne trouvions jamais les bons trous : les dames prenaient cette insistance à leur frotter les épaules avec la doublure de leur manteau pour la manifestation d'un instinct brusquement éveillé.

Aux prises avec des bottes ou bottillons féminins, nous étions l'image même de l'incompétence : les dames voyaient une tendance fétichiste là où il n'y avait que maladresse et lenteur ; dans un regard lassé qui s'égarait sans malice, elles soupçonnaient des intentions plus galantes que courtoises.

C'est fini ! Le Canadien français laisse les dames s'habiller et se déshabiller toutes seules. Du moins en public.

Les funérailles

Ne ratez pas la première occasion que vous aurez d'assister à des funérailles, vous y verrez le Canadien français à son mieux.

Nous avons des établissements de commerce que nous appelons des *salons funéraires*. Lieux enchanteurs et joliment meublés, musique de circonstance et croque-morts périphrasiques. En général, c'est là, plutôt que dans sa maison, qu'est celui qui n'est plus.

Rien n'est plus gai que les funérailles.

Sans doute, en arrivant au *salon funéraire* ou à la maison du cher disparu, prend-on l'air attristé de convention et marmonne-t-on les difficiles paroles de condoléances qu'exigent sans les entendre les parents éprouvés.

Il n'est pas nécessaire de fabriquer des phrases délicates ou bien pensées : toute originalité paraîtrait suspecte et augmenterait la douleur apparente des endeuillés en titre. Contentez-vous du traditionnel :

« Je vous offre mes *sympathies.* »

« Condoléances » est plus français, mais il n'est pas accepté dans tous les milieux et peut paraître affecté. Ce n'est pas le moment de faire de la fantaisie.

Sans doute aussi la coutume veut-elle qu'on aille jeter un coup d'œil sur le défunt, mais cette démarche n'est obligatoire que si on se sent étroitement surveillé ou si on est amené de force sur les lieux par un membre de la famille toute proche. Que vos commentaires soient brefs et, de préférence, louangeurs :

— Il n'a pas changé.

— Ce qu'il a l'air reposé !

— Comme il est calme…

S'il s'établit un silence de mort pour ainsi dire, enquérez-vous des causes et circonstances du décès. Vous pouvez vous attendre à des réponses nettes comme « Il est parti comme un poulet ! » ou « On attendait sa mort depuis des semaines et des semaines », aussi bien qu'à de longues homélies et d'interminables anecdotes funèbres que vous écouterez avec attention en pensant à autre chose.

Mais, une fois ces pénibles moments passés et les devoirs d'usage remplis à la satisfaction de tous, on passe à l'arrière-salon (dans le cas d'une maison : à la salle à manger ou à la cuisine), où on retrouve la masse heureuse et bruyante des survivants.

C'est dans les salons funéraires que la famille devient acceptable. On tombe même sur un frère ou une sœur avec qui on est brouillé et dont on se rapproche avec enthousiasme dans la joie causée par le deuil général.

Les funérailles constituent une fête d'autant plus appréciée qu'elle est inopinée. Comme on y prend contact avec des gens qu'on ne voit jamais et qui ne sont pas du même milieu, on en profite pour renouveler son stock d'histoires drôles, dont les plus désopilantes traitent des enterrements et des *salons funéraires*.

Les trois jours réglementaires des réjouissances se terminent avec l'inhumation. Il y en a qui pleurent.

Mais, en général, on éprouve un tout autre genre de regret au moment de se quitter : on avait tant eu de plaisir à se voir ! Scrutant autour de soi les visages pour tenter de découvrir le plus marqué, celui qui permet de prévoir à bref délai une autre fête de famille impromptue, on se lance allègrement :

— À la prochaine !

Les noces

Il vous est loisible de pénétrer à n'importe quel moment dans un *salon funéraire*. L'inconnu y est bienvenu et sa signature reçue avec reconnaissance dans le registre funèbre : plus il y a de monde, plus on se sent éprouvé.

Il vous sera plus difficile d'assister à un mariage, mais grâce à l'entregent français vous finirez par être invité aux noces. Un fait à retenir : autant les funérailles peuvent être gaies, autant les noces réussissent à être sinistres.

La principale victime du mariage est le père de la mariée. C'est à lui de payer les noces ; à lui aussi incombe le redoutable devoir de faire en sorte qu'elles soient gaies : il n'y parvient pas.

Les noces ne sont pas la consécration d'une poétique et romanesque union de deux jeunes gens qui s'aiment, mais une entreprise commerciale de réjouissances collectives où toutes les contraintes imaginables imposent leur poids et leur démesure. Les accrocs sont inévitables et entraînent une série de petits drames qui par un phénomène d'accumulation transforment les noces en une catastrophe continue dont l'horreur grandit en proportion du prix qu'elle coûte.

Les mariés vivent leurs moments les plus pénibles dans ce qu'on peut appeler « la chaîne de réception ». Coincés entre les pères et mères, ils voient défiler des parents et amis à demi inconnus qui se livrent en passant à des plaisanteries et à des familiarités infantiles. La mariée subit les assauts des cousins agressifs et des oncles papelards qui se prévalent de la parenté pour l'embrasser, de préférence sur la bouche, et la palper, quand ce n'est pas la mordre.

Passant devant cette « chaîne », vous pouvez dire n'importe quoi, personne n'écoute. Si par hasard vous murmurez à la maman de la mariée : « Mon grand-père est mort avant-hier… », il n'est pas exclu qu'elle vous réponde : « J'espère que vous allez en faire autant ! »

À table, ou au buffet, il est de bon ton de prouver qu'on s'amuse en faisant le plus de bruit possible ou en se lançant dans des chansons grossières ; au toast, on répondra par des contre-toasts répugnants ; les mariés finiront par s'éclipser pour aller revêtir leur *costume* de voyage de noces, mais leur départ ne passera pas inaperçu et sera salué par des hurlements lubriques.

Débarrassés de la réception et arrachés à tout ce monde, les jeunes mariés se gâteront leurs premiers moments de paix en se remémorant l'infâme conduite de la famille ou des deux familles qu'ils épousent. Ils se diront dans un soupir :

— C'est ça, la famille ?

Et, quelques heures après, ils s'apprêteront à en faire une.

La revanche des berceaux

Vous avez peut-être entendu parler de la revanche des berceaux. Il s'agissait pour les Canadiens français, surtout pour les Canadiennes françaises, de produire tant d'enfants que les Canadiens anglais finiraient par se trouver en minorité au Canada.

Ç'a été raté. Majoritaires au Québec, les Canadiens français ne sont que six millions sur vingt au Canada. Trente pour cent et nous en restons là! La revanche des berceaux est officiellement terminée*.

Nous, Canadiens français, avons fait notre devoir, mais les Canadiennes françaises n'ont pas pu tenir le coup. Elles ne prolifèrent plus avec l'enthousiasme légendaire de nos mères. Les familles de vingt enfants n'étaient pas rares chez nous autrefois, avant l'époque du chauffage central.

Des malins ont cru pouvoir établir un rapport entre la baisse de la natalité canadienne-française et la hausse du volume de vente des appareils de télévision. L'explication paraît simpliste et sans fondement. Il est vrai que nous, Canadiens français, passons plus de temps que vous devant le petit écran, mais les heures ainsi perdues n'empiètent jamais sur le temps que nous consacrons à notre divertissement national.

Il serait naïf de croire que le rythme de la repopulation soit en rapport direct avec la copulation.

Dès que vous nous connaîtrez un peu, vous verrez que, chez nous, les contacts humains n'ont en rien perdu de leur richesse, ni de leur fréquence. Dire que la Canadienne a laissé s'émousser ses facultés reproductrices serait d'autre part un affront; on voit couronnés de succès les efforts de toute Canadienne française qui se met en tête, si l'on peut dire, d'avoir une famille nombreuse.

Si nous faisons moins d'enfants, c'est que nous avons la pilule, dont vous discutez, ou discuterez, à votre Assemblée

---

* La débandade, si l'on ose dire, s'est poursuivie. Le taux de natalité du Québec est l'un des plus bas en Occident. Le poids démographique du Québec dans l'ensemble canadien est passé sous la barre des 25 pour cent.

nationale, alors que nous l'obtenons sans discussion à la pharmacie, entreprise privée qui échappe aux visées conceptionnelles du gouvernement, incapable de régir la reproduction par l'intervention de son ministère de la Famille, encore moins par celle de son ministère des Loisirs.

Les résultats sont nets : nous sommes de moins en moins de Canadiens français à porter en Amérique l'étendard de la francophonie et nous avons décidé, un peu tard, à rendre autrement qu'illusoire l'avenir des immigrants français.

Français, vous avez sans doute été ému par le vibrant appel que nous vous avons lancé lorsque nous nous sommes vus numériquement menacés. Mais la France, je le crains, ne range pas les Français parmi ses produits d'exportation.

Tout en désirant que vous veniez nous repeupler, nous ne vous blâmerions pas de douter des promesses qui vous sont faites. Il y a cependant une chose que je peux vous garantir :

Tout Français qui met le pied au Québec est sûr d'être invité à la télévision ! On vous demandera votre avis sur le Québec et le Canada après que vous y aurez passé deux jours. Et vous le donnerez.

Chapitre V

HISTORIETTES
DE LA NOUVELLE-FRANCE

Vous, Français, vous ne vous intéressez qu'à l'histoire de votre pays, quoique souvent vous la connaissiez fort mal. Vous considérez l'histoire des autres pays comme des affaires privées dans lesquelles il serait peu délicat de mettre le nez.

Il n'est pas impossible cependant que, venant au Canada français, vous sentiez sinon le besoin du moins l'obligation de connaître un peu l'histoire de la Nouvelle-France, ne serait-ce que pour mettre vos cousins à l'aise lorsqu'ils évoquent les hauts faits de leurs ancêtres français.

Vous connaissez déjà les noms de Jacques Cartier et de Samuel de Champlain, précurseurs du colonialisme français, mais nous avons un tas de héros dont vous ne soupçonnez même pas l'existence et que nous ne connaissons nous-mêmes que par ouï-dire. Chez nous, l'enseignement de l'histoire en est resté longtemps à l'état rudimentaire; mes propres notions historiques sont minces et plutôt confuses. Je vous les livre quand même en toute confiance, sachant que vous n'en abuserez pas.

Dollard des Ormeaux

Ce qui fait le charme de Dollard des Ormeaux, c'est qu'on ne sait pas encore pourquoi il était allé au Long-Sault. D'ailleurs, on ne sait même pas s'il y est allé. En fait, on ne sait pas davantage si le Long-Sault a existé. Et, si on pousse la chose plus loin, on ne sait même pas si Dollard a vécu, ce qui n'aide pas beaucoup à prouver qu'il soit mort en héros.

Tous ces doutes, exprimés par de cyniques historiens, ne réussiront jamais à ébranler l'image que j'ai toujours gardée de la prodigieuse aventure de Dollard et de ses seize compagnons :

Ils étaient donc dix-sept. Le matin, ils avaient communié, puis ils étaient partis d'un pas allègre sur le sentier qui longe l'Outaouais, lançant de gais refrains dans l'air frais du matin.

La veille au soir, Dollard, le doigt sur une carte d'état-major, s'exclamait, pointant comme Napoléon la veille d'Austerlitz : « C'est là que nous les arrêterons ! » Sous son doigt, on pouvait lire en grosses lettres : FORT DU LONG-SAULT.

Des rumeurs non confirmées, mais émanant de sources habituellement dignes de foi, voulaient qu'un parti considérable d'Iroquois venant de l'ouest se dirigeât vers Ville-Marie pour la mettre à feu et à sang. Un autre parti venant du nord devait opérer sa jonction avec le corps principal en aval du Long-Sault. Dollard se proposait d'empêcher la jonction. « Vous mourrez tous jusqu'au dernier, avait-il dit comme Pétain à Verdun, mais ils ne passeront pas ! »

Quelques jours plus tard, on arrivait au Long-Sault. Le fort était plutôt un fortin, mais les dix-sept étaient tous un peu bricoleurs. Gaiement, ils consolidèrent la palissade, bouchant les trous avec des peaux et des fourrures tirées à même un important dépôt de pelleteries qu'ils avaient trouvé près de là par un heureux hasard.

Trois jours après leur arrivée, la première patrouille d'Iroquois montrait le nez à travers les branchages. « Feu ! »

cria Dollard. Un seul nez s'en tira, mais il s'en fut dare-dare donner l'alerte au gros des troupes.

L'assaut fut lancé presque aussitôt et repoussé avec de lourdes pertes, par les dix-sept, ainsi que les quinze Hurons et les quatre Algonquins qui se trouvaient là par un heureux hasard.

« Nous vendrons chèrement nos peaux », s'écria Dollard, en jetant un vague coup d'œil sur le dépôt de pelleteries qu'on avait depuis transféré à l'intérieur du fort.

Tous les jours, pendant près d'une semaine, les assauts se succédèrent. Et, chaque matin, Dollard, réunissant sur un rang les hommes qui lui restaient, faisait l'appel. « Nous sommes treize ! » « Nous sommes douze ! » « Nous sommes onze ! » Les Iroquois, pour leur part, ne faisaient pas d'appel si rigoureux : ils ne savaient pas compter jusqu'à cent.

Un matin, alors qu'il ne restait plus que dix compagnons, Dollard eut l'idée de remplir de poudre un mousqueton. Il le munit d'une courte mèche, y mit le feu et lança l'engin par-dessus le mur. Le mousqueton retomba dans le fort, après avoir frappé une corde à linge. Le survivant des compagnons lui dit d'un air consolateur : « Ne t'en fais pas. Ce sont des choses qui arrivent à tout le monde ! »

Ce fut le commencement de la fin. Le dernier assaut des Iroquois leur procura la peau de Dollard et les peaux du dépôt, avec lesquelles ils s'enfuirent.

Un seul Huron survécut pour raconter l'histoire. Il partit pour Montréal ventre à terre, en rampant.

C'était, paraît-il, un fieffé menteur.

Jacques Cartier

Cartier est probablement le seul touriste qui ait mis le pied à Gaspé sans se donner la peine d'aller à Percé.

Il prit possession de la Gaspésie au nom du *Roy de France,* y ajoutant pour faire bonne mesure toutes les terres qui pouvaient se trouver à l'ouest, au nord et au sud.

Les Indiens le regardaient, médusés, planter une croix. Ils n'avaient jamais vu de clous.

Jacques Cartier est allé un peu partout, mais il n'a jamais fondé quoi que ce soit. Comme le soulignait un historien anglais : « Jacques Cartier went everywhere, but he never settled down. »

Les bons et les méchants Indiens

Après avoir lu les livres d'histoire de *la petite école*, on peut se faire une assez bonne idée des Indiens.

Les Indiens étaient divisés en deux grands groupes : les bons et les méchants. Les bons étaient ceux qui étaient pour nous autres, les méchants ceux qui étaient pour les Anglais.

Bons ou méchants, ils étaient féroces. Ils s'en prenaient facilement aux femmes seules et guettaient l'instant où les hommes étaient aux champs ou en voyage. C'est sans doute de là que vient l'expression consacrée, lorsqu'on a un bébé : « Les Sauvages sont venus… »

Les Indiens étaient très près de la nature : ils se vêtaient de peaux de bêtes et se coiffaient de plumes. Ils avaient des tomahawks, des wigwams, des manitous, des squaws et des pow wows.

Les Peaux-Rouges étaient insolents : ils se permettaient d'appeler les Blancs les Visages-Pâles.

Les Indiens ne savaient pas boire : les massacres de Français en font foi. Dès que les Indiens avaient pris un coup, c'étaient de vrais *casseux de veillée*.

La fondation de Montréal

C'est avec la fondation de Montréal que les *mouches à feu* sont entrées dans l'histoire.

Oh, je sais que, dans les livres d'école, on dit que c'est à la lueur des « lucioles » que le père Vimont a célébré sa première messe. C'était poétique, mais il n'y a pas moyen de garder ses illusions trop longtemps et on apprend très vite que « les mouches à feu ont des babines de bœufs » (chanson scientifique).

Les *mouches à feu* du père Vimont furent, de mémoire d'homme, la première expérience jamais faite avec le courant alternatif.

Ici, mes souvenirs sont confus : la fondation de Montréal fut-elle suivie ou précédée d'une visite au mont Royal où l'on planta une croix ? Peu importe : de nos jours, on ne voit plus cette croix. En fait, on ne voit même plus la montagne !

Géographiquement, la fondation de Montréal reste un complet mystère. Disons par parenthèse qu'il était stupide de l'appeler Ville-Marie si l'on comptait l'appeler Montréal ! On l'a fondée à Hochelaga. Cherchez Hochelaga maintenant, vous le trouverez à l'autre bout de la ville !

Presque en même temps — je ne sais si tout le monde était malade —, on bâtissait l'Hôtel-Dieu. C'était toujours la même histoire et le même genre de blessures : une flèche dans le ventre, un poignard dans le dos, ou un tomahawk dans le crâne. Les rues n'étaient pas sûres !

L'avez-vous noté ? J'ai écrit tout ça sur Montréal sans avoir laissé tomber une seule fois le nom de Paul Chomedey de Maisonneuve. J'avais fait la même chose dans un devoir d'école : j'avais eu zéro.

C'est Maisonneuve qui a dit la fameuse phrase : « Dussent tous les Iroquois de l'île de Montréal se changer en autant d'arbres, je croirai quand même de mon devoir d'y fonder une colonie ! »

Maisonneuve était un vrai défricheur. Il n'avait pas peur des arbres !

Samuel de Champlain

Mes souvenirs sur Samuel de Champlain sont mauvais. Le personnage ne m'a jamais très impressionné.

Jacques Cartier avait pris la peine de découvrir le Canada en 1534 : Champlain a attendu près de 75 ans avant de fonder Québec. Le moins qu'on puisse dire de Samuel de Champlain, c'est qu'il n'était pas pressé.

Négligent, à part ça ! Pendant qu'il y était, il me semble qu'il aurait pu fonder Montréal… Montréal, c'était bien aussi important que Québec ! Mais non : Champlain avait fondé Québec ; il a décidé de ne pas bouger de Québec. Ç'aurait pourtant été bien plus gai pour lui s'il y avait eu Montréal. Il aurait pu y venir passer un week-end de temps à autre !

Champlain, d'ailleurs, était totalement dépourvu d'imagination. Il remonte le Saint-Laurent, remonte le Richelieu et arrive à un lac (qui, par hasard, le lendemain s'est appelé le lac Champlain… Pourquoi se gêner ?). C'était le temps ou jamais, il me semble, d'aller fonder les États-Unis. Mais non : Henri IV lui avait dit d'aller fonder la Nouvelle-France. Pas deux écus d'initiative !

Quand on ne sait plus que dire de Champlain, on parle d'Hélène Boullé. On laisse toujours entendre qu'ils formaient un couple modèle. Fidèles, que ça en faisait l'admiration de tous. Au fond, ils n'avaient pas tant de mérite que ça. Avec le peu de monde qu'il y avait à Québec, est-ce qu'ils avaient vraiment le choix ? Il faut dire aussi qu'Hélène Boullé était trop jeune pour sortir. Elle avait douze ans. On n'a jamais dit combien de temps elle les avait eus !

Massacres et martyres

Nos livres d'histoire ne sont jamais avares de détails dans la description des massacres et des martyres. Ils racontent avec complaisance toutes les tortures et tous les supplices.

Rien de plus fascinant que les épisodes du massacre de Lachine! Parfois, quand je rêve, je me réveille en criant: je vois des Iroquois enfoncer des crânes, trouer des poitrines, écraser des petits enfants; partout, des flaques de sang et des éclaboussements d'entrailles est bénie…

Les Saints Martyrs canadiens! La maîtresse d'école lisait avec délices le petit livre d'histoire, glissant des explications et ajoutant des détails sanglants quand elle les croyait nécessaires. Le père Jogues, la nuque entourée de haches rougies, le père Brébeuf, impassible comme un bonze vietnamien alors qu'on lui versait de l'huile bouillante sur la tête. Tous ces corps souffrants, lacérés, déchiquetés…

Et la maîtresse d'école, pour bien marquer l'importance de ces martyres, arrêtait le récit juste avant que les bons pères meurent, afin de pouvoir reprendre le lendemain avec quelque chose de neuf: le coup de mort au père Brébeuf, le cœur du père Jogues que les Iroquois se disputaient à belles dents…

C'étaient de bien jolies histoires! J'aimais surtout les images.

Madeleine de Verchères

Tous les hommes étaient partis. C'était l'ouverture de la chasse.

Les Iroquois apparurent sous les remparts. Madeleine de Verchères arma tout ce qui pouvait tenir un fusil: femmes, domestiques et embrasures. Elle ordonna un feu nourri, pour faire croire que le fort contenait beaucoup de monde, et surtout pour que les Iroquois n'aillent pas dénoncer au gouverneur les hommes, qui étaient partis sans permis de chasse.

Au petit matin, Madeleine de Verchères sortit du fort pour aller cueillir des fraises. Elle fut immédiatement capturée par les Iroquois, qui l'entourèrent et se mirent à crier, en scandant leur cris de guerre : « Strip-tease ! Strip-tease ! Strip-tease ! »

Elle s'en tira en laissant son foulard entre les mains d'un Iroquois qui l'avait empoignée par la cuisse.

Au retour de la chasse, son papa, tout content, riche de peaux et de fourrures, lui fit cadeau d'une étole de vison très très sauvage.

Les intendants

La Nouvelle-France eut une série d'intendants dont les plus connus furent au nombre de deux, un mauvais et un bon ; le premier fut le dernier, et le dernier fut le premier.

Jean Talon encourageait l'industrie, perçait des mines, ouvrait des ateliers « où l'on filait le chanvre et le lin » et, de façon générale, s'intéressait aux richesses naturelles.

Bigot s'intéressait aux richesses tout court. Il exploitait la colonie, pressurait les habitants, expropriait les colons, taxait les bourgeois et volait les aristocrates — se procurant ainsi d'énormes sommes d'argent qu'il faisait passer en Suisse, ou dont il se servait pour se livrer à la débauche.

Bigot donnait des fêtes à la fois somptueuses et crapuleuses et fut le seul personnage de notre histoire écrite qui ne fut pas doué de toutes les vertus.

Frontenac et Phipps

Frontenac n'a jamais adressé la parole à l'amiral Phipps. La seule fois qu'il a eu la chance de le faire, et que Phipps était prêt à causer, il lui a répliqué par l'entremise d'un tiers, assez grossièrement d'ailleurs : « Je vous répondrai par la bouche de mes canons ! »

Parfois, lorsque je pense à ces deux hommes, pourtant si bien faits pour s'entendre, je ne peux m'empêcher d'imaginer la conversation qu'ils auraient pu avoir, si Frontenac n'avait pas eu si mauvais caractère et si Phipps avait eu le courage de descendre de son bateau :

FRONTENAC : *Mon cher Amiral, je ne voudrais pas vous blesser, mais Québec est absolument imprenable...*

PHIPPS : *Mon cher Gouverneur, imprenable... Ah, si j'avais reçu les renforts que j'attendais !*

FRONTENAC : *Vous aussi ? Franchement, nos métropoles sont absolument impossibles !*

PHIPPS : *D'une négligence, mon cher, et d'une inconscience ! Après tout, Londres ne devrait pas s'imaginer que je peux attaquer Québec avec ces pauvres petits bateaux !*

FRONTENAC : *Et Paris ne devrait pas se permettre d'imaginer que je puisse me défendre avec ces pauvres petits canons !*

PHIPPS : *Vous comptez rester ici longtemps, mon cher Gouverneur ?*

FRONTENAC : *J'ai été rappelé une fois, j'attends mon second rappel avec impatience !*

PHIPPS : *Et moi, je me dépêche de faire voile avant qu'on m'envoie dire de rester...*

FRONTENAC : *Quel climat ! Quand on pense que je pourrais couler des jours heureux sur la Côte d'Azur...*

PHIPPS : *Et Londres, Monsieur ! Ici, il n'y a même pas de brouillard...*

FRONTENAC : *Ayez la bonté, je vous en prie, cher Amiral, de faire parvenir ces quelques lettres en France. Ce sont des lettres... personnelles, dans lesquelles j'assure, malgré l'éloignement, une fidélité et une constance éternelles.*

PHIPPS : *Avec plaisir, cher Gouverneur. La guerre est peut-être finie là-bas. J'irai les remettre moi-même à cette dame.*

FRONTENAC : *Non pas. Elles ne sont pas toutes destinées à la même personne.*

PHIPPS : *Qu'à cela ne tienne ! Je ferai le tour. Mais ici, comment est la situation ?*

FRONTENAC : *J'ai des difficultés avec l'évêque.*

PHIPPS : *Ah! le clergé, ce sera toujours un problème dans ce pays!*

FRONTENAC : *Et ces colons sont d'une vulgarité…*

PHIPPS : *Si vous voyiez quels forbans j'ai dans mon équipage!*

FRONTENAC : *Et, entre vous et moi, savez-vous que, ces colonies, ça peut finir par être extrêmement dangereux.*

PHIPPS : *À qui le dites-vous! Je suis à la merci de n'importe quelle flotte française — s'il y en a une!*

FRONTENAC : *Et moi, de n'importe quel général anglais — s'il y en a un!*

PHIPPS : *Vous allez voir qu'un bon jour il y aura un général anglais et un général français qui vont venir en pleine force de l'âge se faire tuer bêtement dans la même bataille!* (Voir plus loin.)

La fin de tout

La conquête de la Nouvelle-France fut accueillie avec joie par l'Angleterre, avec consternation par les Canadiens et avec indifférence par la France. Un ministre français, pressé par la guerre continentale, n'avait-il pas répondu à ceux qui lui demandaient des secours pour le Canada :

« Quand le feu est à la maison, on ne s'occupe pas des écuries! »

Ce à quoi une dame fort spirituelle aurait répliqué :

« Le moins qu'on puisse dire de vous, monsieur, c'est que vous ne pensez pas comme un cheval! »

Je viens de jeter un coup d'œil sur un devoir d'écolier : les éléments qu'on enseigne maintenant sont à peu près les mêmes que dans mon temps, sauf que les interprétations et les jugements sont un peu différents :

Q. — Comment la perte de Québec fut-elle rendue possible?

R. — Par l'imbécillité du gouvernement français qui ne comprenait pas l'importance des colonies.

Q. — Comment s'accomplit-elle?

R. — Par l'action d'un traître qui montra aux Anglais le chemin de l'Anse-au-Foulon et l'inconscience des Français qui croyaient les Anglais incapables de monter une côte.

Q. — Les Français étaient-ils prêts à la bataille?

R. — Non.

Q. — Les Anglais l'étaient-ils?

R. — Non.

Q. — Comment se déploya l'armée anglaise?

R. — À la queue leu leu.

Q. — Comment se déploya l'armée française?

R. — Des tirailleurs canadiens à l'aile droite, des miliciens canadiens à l'aile gauche et les Français au centre.

Q. — Cette formation vous rappelle-t-elle quelque chose?

R. — Oui, une ligne avant de la Ligue nationale où on aurait placé au centre un Français qui ne sait pas jouer au hockey.

Q. — Comment les Anglais remportèrent-ils la victoire?

R. — Par hasard.

Q. — Qui normalement aurait dû l'emporter?

R. — Les Français.

Q. — Qui fut le meilleur général, Wolfe ou Montcalm?

R. — Aucun des deux.

Q. — Qui fut tué?

R. — Un tas de braves Canadiens, sans compter beaucoup de braves soldats français et de braves soldats anglais.

Q. — Qui fut blessé mortellement?

R. — Un tas de braves Canadiens, sans compter beaucoup de braves soldats anglais et de braves soldats français.

Q. — De qui se souvient-on dans l'Histoire?

R. — De Wolfe et de Montcalm. Parce qu'ils ont prononcé des mots historiques.

Q. — Qu'a dit Wolfe avant de mourir?

R. — « Je meurs content. »

Q. — Que voulait-il dire?

R. — Je ne sais pas. Il délirait…

Q. — Qu'a dit Montcalm en mourant?

R. — « Tant mieux. Je ne verrai pas Wolfe entrer dans Québec. »

Q. — Que faisait Lévis pendant tout ce temps-là?

R. — Il brûlait ses drapeaux dans l'île Sainte-Hélène.

Q. — Quelles furent les conséquences de ce geste?

R. — Il a fallu attendre deux cents ans pour avoir un autre drapeau!

Chapitre VI

CASTES ET CLASSES

La « race »

On peut oublier l'histoire du Canada après la Conquête…
L'histoire des deux derniers siècles est sombre : les seuls héros
véritables que nous ayons eus étaient des révolutionnaires
qu'on a exécutés ou à peu près, ou des esprits libéraux qu'on a
exilés ou à peu près. Leurs monuments sont sculptés à peu près.

Vous croirez, si vous avez déjà parcouru l'un de nos livres
patriotiques, qu'il existe une « race » canadienne-française.
Or, nous ne sommes pas une race.

En principe, notre sang est le même — celtique, romain,
germanique, nordique, méditerranéen — que celui qui coule
dans les veines françaises et à ce sang s'est ajouté celui des
Irlandais, des Écossais et même des Anglais que nous avons
assimilés. Toutefois, comme les races qui sont venues des
îles Britanniques sont à peu près les mêmes que celles qui
nous sont arrivées de France, il n'y a vraiment pas grand-
chose qui nous distingue racialement des Canadiens anglais,
sinon qu'ils ont une bouche qui n'est pas faite pour parler le
français.

Cependant, notre originalité, au point de vue ethnique, pourrait venir du fait que nous avons eu de plus longs contacts que les Anglais avec les tribus indiennes.

Il est vrai que nous avons systématiquement décimé les Indiens, mais nous leur avons quand même largement laissé le temps de contribuer à l'essor de notre population. Les échanges ethniques entre Peaux-Rouges et Visages-Pâles, qu'ils aient été volontaires ou non, ont fait que, selon des estimés qui sont loin d'être exagérés, un Canadien français sur quinze a du sang indien dans les veines. Les Indiens, rouges ou non, ont le teint foncé et les cheveux noirs et lisses… C'est probablement notre ascendance indienne qui nous donne l'air un peu latin…

Il existe encore des indigènes à l'état pur : en fouillant bien, vous découvrirez dans le Québec quelques-uns de leurs villages, que l'on camoufle sous le nom délicat de réserves, employé par exemple en Afrique pour désigner les parcs d'animaux sauvages. Mais, comme ils sont sous la coupe du gouvernement fédéral, il est fort peu probable que vous réussissiez à communiquer avec eux : la plupart ne parlent que l'anglais.

Les Canadiens anglais

Quant aux Canadiens anglais qui vivent parmi nous au Québec, vous pourrez facilement les rencontrer. Nous, nous ne les fréquentons guère, nous les tolérons, tout en étant sensibles à leur nostalgie de ce temps heureux où nous étions les indigènes.

Nous nous sentons parfois obligés de parler aux Canadiens anglais : menacés ou croyant l'être, ils font des efforts tellement pitoyables pour apprendre *sous pression* le français qu'il serait inutilement cruel de ne pas le leur laisser pratiquer à nos dépens.

Beaucoup d'entre nous souffrent de plus en plus, à l'égard des Canadiens anglais, d'un complexe de supériorité. Mais nous ne sommes pas racistes, loin de là : les Canadiens anglais du Québec sont traités avec bonté et peuvent s'élever au niveau social qui répond à leurs capacités. Pour ma part, je compte des Canadiens anglais parmi mes meilleurs amis et je n'ai pas du tout honte d'être vu en leur compagnie dans la rue.

Le clergé

Je ne vous ennuierai pas en vous parlant de notre clergé. Je parie que vous n'avez jamais entendu un Canadien français mentionner le Québec sans qu'il se plaigne de son clergé !

Un fait nouveau à noter, cependant : la vocation religieuse est à la baisse et on défroque à qui mieux mieux. Avec une ferveur croissante.

Dans les maisons de jésuites, les malentendus sont évités avec soin. Le portier répond au téléphone : « Le Père Untel ? Il est sorti. » Puis, il ajoute, très, très, très vite : « Mais il va rentrer ce soir ! »

Une bonne dame disait, des larmes de joie aux yeux :

« Dire que mon plus jeune était devenu curé ! Et le voilà qui est le seul de la famille à faire un beau mariage ! »

L'armée

Une qualité vous étonnera chez nous : le Canadien français n'a pas l'esprit militariste et il se montre désespérément peu empressé à aller se faire tuer dans les guerres des autres. Peut-être n'aime-t-il pas les voyages. Ceux dont on ne revient pas…

À l'encontre du Français, qui se dit antimilitariste mais qui aime tant les défilés militaires, le Canadien français se moque de tout ce qui de près ou de loin lui évoque l'armée. On ne voit jamais de soldats défiler dans les rues, on en voit à peine circuler sur les trottoirs.

Nous avons sans doute des soldats, mais leurs supérieurs

ne tiennent pas à saper leur moral en les exposant à la curiosité des civils.

Les embryons de défilés du Jour du Souvenir ne nuisent même pas à la circulation ; ces manifestations n'ont d'ailleurs pour objet que de permettre à quelques nostalgiques anciens combattants d'aérer leurs uniformes une fois l'an.

Il existe naturellement au Canada une armée, que nous tenons à la disposition des États-Unis. Mais, l'Armée canadienne répond moins à un besoin militaire qu'à une nécessité économique. Il est plus facile de constituer des régiments que de planifier une industrie nationale. L'Armée sert en partie à régler le problème du chômage.

Le Canadien français ne vibre pas comme vous, Français, aux accents d'un hymne national ou au flottement d'un drapeau. Chaque fois qu'il est question, lors d'une cérémonie, de jouer l'hymne national, le Canadien français est mû plus par la curiosité que par le patriotisme : il se demande si ça va être *Ô Canada* ou *God Save the Queen*.

Quant au drapeau, le Canadien français en a été privé si longtemps qu'il a appris à s'en passer. Il y a dix ans, l'Union Jack ne soulevait chez lui même plus de colère ; l'unifolié ne réussit pas à l'émouvoir. Si vous voyez un Canadien français planté devant le drapeau canadien, ne croyez pas qu'il s'imprègne d'un fluide patriotique : il se demande tout simplement comment on réussit à fabriquer une teinture rouge qui se délave aussi vite*.

Les associations

Bien que le Canadien français n'aime pas les régiments, il a une propension extraordinaire à se laisser enrégimenter.

---

* Avec la montée du nationalisme, les Québécois ont pris goût au drapeau, à condition qu'il soit bleu, une couleur qui, incidemment, se délave beaucoup moins.

Vous serez frappé par le nombre de clubs dits « sociaux » dans lesquels le peuple canadien-français s'organise et se disperse : Kiwanis, Richelieu, Optimiste, Saint-Jean-Baptiste, Chevaliers de Colomb, pour n'en nommer que quelques-uns. C'est peut-être là la rançon d'un peuple à qui il a été si longtemps interdit d'être franc-maçon.

Les Chevaliers de Colomb constituent une sorte de société secrète à ciel ouvert. On peut y jouer au ping-pong et au pool.

Les autres clubs semblent avoir pour but principal de satisfaire à la fois aux besoins conjugués de la culture et de l'alimentation, grâce à la formule des déjeuners-causeries.

Mais les Canadiens français ne donnent qu'une partie d'eux-mêmes à ces clubs : le reste, ils le livrent aux innombrables sociétés, organismes, associations, *fraternités*, amicales d'hommes d'affaires, ligues de quilles, du Sacré-Cœur et de tout ce que l'on voudra, qui les aident à éviter les dangereuses pentes de l'individualisme et à conserver intact dans les villes l'instinct grégaire qui a présidé à leur survie dans les campagnes.

* * *

Nous avons été si longtemps dominés que nous n'avons pas appris à nous affirmer en tant qu'individus ; lorsque nous en sentons le besoin, nous préférons réclamer ou protester par le truchement de *groupes de pression,* à direction oligarchique, que nous appelons les « corps intermédiaires » et qui font théoriquement le lien entre l'individu et l'État. (Le pas suivant est déjà amorcé : ces corps feront corps avec l'État par association au sein d'une sorte de Chambre haute !)

Les élites

Les politiciens ne jouissent d'aucune considération, étant choisis par la masse, à son image.

Les juges n'inspirent pas plus d'estime que les politiciens : pour la plupart, ce sont, justement, des politiciens. Le parti au pouvoir se débarrasse des politiciens gênants ou battus aux élections en les nommant au Banc, ce qui leur permet de recommencer leur vie à neuf dans une carrière honorable.

Cette façon de suppléer à l'inexistence de la carrière de la magistrature peut vous sembler étrange à vous Français, qui vous direz : « Au Québec ce doit être les mauvais avocats qui font les meilleurs juges… » Erreur. On a connu de fort bons avocats qui ont fait de fort mauvais juges.

Les membres des professions libérales ne font plus partie de l'*élite* agissante, ils ne fournissent rien de remarquable, se contentant de se maintenir notables.

Nos *élites*! Nous en avons plusieurs, quelque peu inter-changeables et groupant souvent les mêmes éléments, quoique aucune d'entre elles ne reconnaisse de valeur aux autres : l'élite intellectuelle, l'élite artistique, l'élite universitaire, l'élite d'ac-tion politique, l'élite des droits civils, l'élite d'action sociale, et l'élite anticléricale dont bon nombre de curés se sentent obli-gés de faire partie.

Les élites du Québec manquent de classe. À l'heure actuelle, c'est la classe ouvrière qui est à l'honneur.

Les réactionnaires ont pris conscience de son existence, grâce aux nombreuses grèves qu'elle leur a infligées. On attend qu'elle se soit économiquement stabilisée pour l'in-corporer dans la petite bourgeoisie afin de ne plus jamais entendre parler d'elle.

Les riches

Chez nous, la stratification sociale n'est pas aussi nette-ment dessinée qu'en France.

Il vous est impossible de saisir avec lucidité l'enchevêtre-ment de nos classes sociales, quoique vous devrez faire un effort en ce sens si vous vous établissez chez nous. Il ne sera pas mauvais de savoir qui compte, au Québec, de sorte qu'en grimpant l'échelle sociale vous ne perdiez pas votre temps avec des Canadiens français prestigieux qui n'ont aucune espèce d'importance.

Il n'y a pas à proprement parler d'aristocratie au Québec. Les quelques familles qui pouvaient prétendre à la dignité aristocratique se sont depuis longtemps déconsidérées, soit par l'ineptie de leurs rejetons, soit par la dissipation de leur fortune.

Il fut un temps où les noms à particule pouvaient en imposer, mais il est très difficile de repérer les MM. de Quelque chose dans l'annuaire de téléphone, car — ô suprême sacrilège pour vous Français — ils sont tous classés à la lettre D.

Le respect des masses s'est porté vers la très haute bourgeoisie de fraîche date, celle qui a réussi à s'enrichir plus ou moins secrètement et qui se maintient populaire en étalant tapageusement sa richesse, qu'on mesure au dénivellement des pièces de la maison (split-level) et au tirant d'eau des yachts.

Malheureusement, il y a peu de millionnaires au Québec, sans doute parce qu'il y a peu de millions à gagner. Il est dit chez nous qu'on ne peut « se faire » un million sans le voler ; c'est faux : on peut en hériter.

Au Québec, la pauvreté est la principale maladie héréditaire, comme ailleurs l'impuissance est une tare qui se transmet de père en fils.

Le médecin

Le premier homme de profession libérale à qui vous aurez affaire, c'est le médecin, que le Canadien français respecte sans l'estimer.

Éliminé de l'« élite » parce qu'il s'est enfoncé dans l'ignorance la plus absolue et s'est confiné à la conquête des biens matériels, le médecin nous inspire une crainte sucée avec le lait maternel qu'on tette à même les *bouteilles de bébé*, que vous appelez les biberons.

Dès notre plus tendre enfance, nous avons appris que le médecin est le seul homme dont l'autorité ne soit jamais mise en doute, le seul qui soit encouragé par nos parents à user de la force pour faire respecter ses ordres ou ses caprices. Le Canadien français entend chez lui discuter du curé ou de l'instituteur, jamais du médecin. Les enfants savent reconnaître les héros. Ils ne jouent pas à l'avocat, à l'ingénieur ou même au politicien, mais, entre garçons et filles, ils se laissent volontiers entraîner à « jouer au docteur ».

* * *

Les médecins des villes, vous le noterez avec amusement, forment des grappes : à la porte de certains immeubles, il y a de véritables panoplies de plaques de médecins. C'est une vieille tactique de commerçants : un peu comme la bonne dame terminant son marché éprouve soudain le désir de petits fours à la pâtisserie d'à côté, le malade sortant du cabinet du médecin cédera à la tentation d'aller tâter du spécialiste d'en face.

Le devoir du malade canadien-français est d'arriver à l'heure au rendez-vous, celui du médecin est de le faire attendre. Un malade n'a jamais claqué dans la salle d'attente d'un médecin, mais il y en a sûrement qui y ont passé la période d'incubation de leur maladie.

Les hôpitaux du Québec relèvent du domaine de l'État mais sont souvent dominés par les religieuses*. À l'hôpital québécois, le médecin a le rang d'un garçon d'étage dans un hôtel de première classe.

---

* Les puissants syndicats d'infirmières et d'employés de soutien ont pris la relève.

Les apparences sont sauvegardées : on lui donne du « docteur » par-ci par-là et on impressionne les visiteurs en l'appelant dans tout l'hôpital par le système d'inter-communication (« On demande d'urgence le docteur Untel ! »). On enveloppe suffisamment le médecin de respect apparent pour que les malades, même une fois à l'agonie, se sentent rassurés s'il leur dit « Ça ira » et ne lui demandent pas « Ça ira où ? »

* * *

En réalité, le médecin québécois est tancé comme un garçonnet par les bonnes sœurs, rudoyé par le conseil d'administration, jugé par le bureau médical, bousculé par les infirmières-chefs, espionné par les infirmières, ridiculisé par les infirmiers, et méprisé par les internes. Il n'a d'autorité qu'à la salle d'opération où, lorsqu'il a le bistouri à la main, le moindre houspillement serait fatal au patient et même aux infirmières. D'ailleurs, il est convenu de maintenir à la salle d'opération la tradition d'adulation, de gravité et de *suspense* qu'a imposée le cinéma.

Le comptable

Vous ne tarderez pas à voir combien, dans une société fondée comme la nôtre sur l'aisance matérielle et le confort, on attache de l'importance au comptable. Le comptable est un grand fantaisiste (« agréé » s'il veut être aimé, « certifié » s'il n'est pas sûr de lui) qui donne aux chiffres un peu de couleur, en décidant s'ils sont *dans le noir* ou *dans le rouge* (favorables ou déficitaires).

Le comptable est d'une utilité primordiale aux hommes d'affaires du Québec. Sans lui, ils ne sauraient à quel moment ils peuvent se déclarer en faillite.

Le professeur

Depuis qu'ils ont été persécutés par le gouvernement, les professeurs canadiens-français et syndiqués se sont hissés au premier rang de la classe ouvrière.

Je sens que vous allez vouloir quelques renseignements sur nos écoles. Mais ce que je vous dirais serait loin d'être définitif. Notre système d'éducation est à l'école de réforme. Ce que vous appelez l'« école de redressement ».

Du reste, ô Français, pourquoi vous intéresseriez-vous à notre éducation? Arrangez-vous donc pour nous arriver tout éduqué!

* * *

L'écolier québécois n'est pas différent de l'écolier français : comme le vôtre, il sait que l'enseignement qu'il reçoit ne le mènera à peu près à rien. Manquant de confiance en lui-même, il laisse naître en son esprit la conscience de ses limitations, embryon du processus qui le conduira à la sénilité. Il se tournera sans espoir vers ses maîtres : grâce à ses facultés d'absorption, il assimilera tous les défauts de ses professeurs tout en restant, grâce à sa force d'inertie, immunisé contre leurs qualités.

Pour leur part, les professeurs québécois ont moins le problème d'avoir en tête les matières nouvelles qu'ils ont à enseigner que celui d'avoir bien en main les enfants qu'ils ont à instruire.

La réforme de l'école n'y changera rien : le professeur obtient souvent le respect de ses propres enfants, mais il ne peut s'assurer celui de ses élèves; il réussit à faire travailler sa femme mais pas les écoliers; il est écouté avec attention par ses camarades mais n'arrive pas à se faire entendre de ses disciples; il sait administrer un budget mais ne peut même pas diriger une classe; il est salué poliment par les voisins et les facteurs mais se fait siffler par les enfants d'école*.

Les autres ouvriers

À mesure que les syndicats d'ouvriers accumulent les augmentations de salaire, le fossé se creuse entre les classes sociales : les *collets-blancs* ne fréquentent pas les ouvriers, ils n'en ont plus les moyens.

Le policier

Les policiers québécois ne ressemblent guère aux policiers de France : ils sont grands et forts, ce qui ne leur sert absolument à rien.

Ce qu'il y a de curieux en effet, dans le système policier du Québec, c'est qu'on donne aux aspirants un entraînement physique extraordinaire — nage, gymnastique, saut, course, ballon — pour ensuite, dès qu'ils deviennent agents, les flanquer au beau milieu d'une rue à diriger la circulation, les coller à un pupitre où ils répondent au téléphone et démêlent de la paperasse ou les enfoncer dans un moelleux siège d'auto d'où ils font confortablement leurs patrouilles!

Les policiers n'ont presque jamais à utiliser leurs muscles, car la loi leur permet d'exercer une « force raisonnable » pour effectuer une arrestation ou empêcher une fuite, ce qui les induit à se servir de leur revolver. On leur apprend, à l'entraînement, à tirer dans les jambes : ils atteignent les suspects en plein front.

---

* La réforme a eu lieu et, de fait, rien n'a changé.

Si les policiers voulaient mettre à l'épreuve leur rigoureux entraînement physique, ils en auraient l'occasion lorsqu'on leur ordonne de disperser des manifestants… Qu'est-ce qu'ils font? Ils foncent sur eux à cheval!

L'agent d'assurances

L'agent d'assurance-vie, qui vous sollicitera au lendemain de votre arrivée, est le seul être au monde qui ose vous dire en pleine face que vous allez mourir. Il se livre au chantage de la mort et joue un perfide double jeu: à sa compagnie il assure que vous ne mourrez pas, du moins pas tout de suite, à vous il n'accorde aucune chance de survie. Et pourtant, une fois la vente faite, ce sera l'homme qui, dans tout l'univers, prendra le plus d'intérêt réel à votre santé.

Le directeur de funérailles

Chez vous, en France, on est toujours président ou directeur de quelque chose. Chez nous, on est gérant ou entrepreneur. Il y a toutes sorte d'entrepreneurs: en construction, en plomberie, en démolition, en tout et en n'importe quoi. Tout passe par l'entrepreneur, y compris parfois l'ingénieur et le politicien.

Et nous avons chez nous *l'entrepreneur en pompes funèbres*!

L'entrepreneur en pompes funèbres n'entreprend rien ni ne construit, installe ou répare quoi que ce soit. Il consacre un état de fait. Il est le seul commerçant à ne pas avoir affaire directement à son client.

À l'encontre de l'assureur-vie, *l'entrepreneur en pompes funèbres* ne parle jamais de mort; aucune circonlocution ne sera à son épreuve. Mais les funérailles, au Québec, coûtent si cher que vous vous tuez à payer votre mort. Si les commerçants en général vous écorchent tout vif, *l'entrepreneur en pompes funèbres* est le seul qui vous écorche une fois mort.

Chapitre VII

L'ALIMENTATION

Les Français ont la réputation, péniblement acquise, d'être des gastronomes. Il est normal que vous vous inquiétiez de ce qui, au Québec, attend votre estomac. Et votre foie. Rassurez-vous : il vous sera loisible de conserver intactes vos habitudes alimentaires. La cuisine française est peu à peu entrée dans les mœurs d'une foule de Québécois : influence du cinéma, du restaurant français, des séjours à l'étranger, et initiative de certaines épiceries qui offrent des plats français tout préparés et, naturellement, congelés.

Les uns aiment la cuisine française pour elle-même ; les autres l'adoptent par snobisme, croyant se mettre à l'heure de Paris en s'infligeant des escargots.

Mais il se peut que vous vouliez vous intégrer alimentairement à nous et voir ce que nous avons dans les entrailles.

Un premier fait vous frappera : nous mangeons beaucoup.

Canadiens français, nous unissons ce qu'il y a de meilleur et de pire à la fois dans les civilisations française et anglo-saxonne. Le Français se fait un plaisir de manger ; l'Anglo-saxon s'en fait un devoir ; nous nous situons à mi-chemin : nous nous faisons un plaisir d'avoir le devoir de manger.

Cependant, héritiers de siècles d'ignorance et de puritanisme, nous n'avons pas encore appris à déployer l'éventail de
toutes les jouissances charnelles et notre sensualité gustative
n'en est qu'à son stade primitif*.

C'est sur les aliments que nous exerçons notre agressivité
refoulée. Au lieu de nous laisser envahir par un bon repas,
nous nous y attaquons. Quels que soient les plats offerts,
nous sommes moins séduits par la qualité que par la quantité
et nous éprouvons moins de joie à les connaître qu'à les
anéantir.

La cuisine canadienne

Parmi les plus nobles richesses que nous rangeons fièrement dans notre patrimoine national, il y a la cuisine canadienne. Or, il n'y a pas de cuisine canadienne.

Nous tenons nos coutumes alimentaires et nos us culi-
naires des Anglais et des Américains qui nous ont tour à tour
colonisés.

Nous ne faisons pas bouillir les rôtis et les gigots comme
les Anglais, mais comme les Américains nous les laissons
cuire dans leur propre jus, négligeant les sauces savantes que
les Européens préparent avec amour et patience (pour voiler,
peut-être, le goût de la viande parfois suspecte dont ils dispo-
sent).

Nos pâtés au poulet et toutes les viandes hachées ou fri-
cassées que nous enrobons de pâte plus ou moins crous-
tillante sont un héritage des Anglais, spécialistes du *beef and
kidney pie*. Les Anglais nous ont initiés aux biscuits — dont

---

* La situation s'est nettement améliorée depuis. En visitant le Québec,
vous serez à même de constater les immenses progrès que les Québécois
ont faits en trente ans. Méfiez-vous cependant des restaurants qui affi-
chent « Cuisine canadienne ».

ils ont poussé la fabrication jusqu'à la hauteur d'un art international — et nous ont intéressés au thé, inconnu de nos premiers colons et que nous nous obstinons à faire comme des colons !

De l'Angleterre aussi, corrompue par ses colonies orientales, nous avons tiré les plats salés-sucrés : jambon à la cassonade ou à la sauce aux raisins, canard à l'orange, viande à l'ananas et salades irrationnelles où se mêlent le riz, les concombres, la laitue, les oranges et les pommes.

L'Anglais nous a encore légué le goût de concombres marinés, des piments vinaigrés et du *chow-chow* qui tenaient autrefois la place d'honneur sur nos tables et sont peu à peu disparus pour laisser en souvenir l'infâme *ketchup* dont nous arrosons sans discrimination — mais avec difficulté vu la forme idiote des bouteilles — la plupart de nos plats, les plus lourds comme les plus raffinés.

Les plats typiquement canadiens ? Le *ragoût de boulettes et de pattes* est un des plats nationaux d'Allemagne : il a sans doute été introduit chez nous par les mercenaires allemands restés après la Conquête…

Le *pâté chinois* est le *shepherd's pie.* Et les meilleures fèves au lard canadiennes sont fabriquées à Boston : *Boston baked beans.*

La *tourtière* ? L'exception qui confirme la règle ! La *tourtière* est une sorte de tarte à la viande hachée. Or, selon le dictionnaire, la tourtière est l'« ustensile de cuisine servant à faire cuire des tourtes », qui sont des « pâtisseries dans lesquelles on met des viandes, des fruits, etc. ». La *tourtière* est bien de chez nous ! Seuls des colons canadiens affamés auraient pu tirer un plat d'un ustensile*.

---

* Une autre exception s'est ajoutée depuis, la poutine. Une interprétation libre du gratin dauphinois, tout à fait unique au Québec : frites, sauce brune et fromage fondu.

Quant à la soupe aux pois, que le Canadien français ne mange presque plus, elle conserve une valeur folklorique et ne se retrouve guère que dans l'expression péjorative « French pea soup », insulte confuse que se sont permise longtemps à notre endroit des Canadiens anglais que nous trouvions de toute façon *pleins de soupe* !

L'élimination du légume

Le Canadien français consomme une quantité remarquable de légumes, qui sont pour la plupart importés des États-Unis.

En principe, tous les légumes ont leur propre saveur, mais cette anomalie est rectifiée par la cuisson : nous en éliminons soigneusement les éléments nutritifs, tout en leur donnant un goût et une consistance ou une inconsistance uniformes. Au légume ainsi attendri, qu'une simple pression réduirait à l'état de purée, nous ajoutons une bonne portion de beurre, pour l'amollir davantage et lui donner une saveur particulière, qui est justement celle du beurre fondu.

Si, par hasard, malgré les précautions prises, le légume s'obstine à conserver le goût de légume, nous lui réglons résolument son cas en le noyant dans la sauce. Certains légumes se mangent crus : le céleri, le radis, la carotte, mais nous leur enlevons leur valeur de légume proprement dit en leur conférant la qualité de hors-d'œuvre.

À noter qu'un bon nombre de nos légumes servent moins à notre alimentation qu'à notre défoulement. Ils ont une saveur d'insulte : poireau, navet, concombre. Le chou, par contre, provoque l'attendrissement et s'empreint de douceur : « mon petit chou ».

Quant à la tomate, dont on ne sait pas au juste si elle est un fruit ou un légume, on la personnalise : « Tu vas recevoir ça sur la tomate ! »

Mise en boîte

À vrai dire, on fait de moins en moins bouillir les légumes, on les fait réchauffer. Les occasions de les faire bouillir disparaissent au fur et à mesure que croissent chez nous la méfiance de tout ce qui est frais et la confiance en tout ce qui est en conserve.

Notre civilisation alimentaire est devenue une gigantesque mise en boîte.

Soupes, légumes, fruits, viandes, desserts, presque tout a été mis en boîte, tout devient de plus en plus instantané. Les boîtes de conserves et d'aliments « instantanés » répondent à notre besoin de stabilité, de facilité et d'uniformité. Bien *cordées,* en grandes quantités, dans les armoires, elles donnent un sentiment de richesse et de sécurité. La femme regarde ses rangées de boîtes de conserve du même œil fier et rêveur dont sa grand-mère contemplait les rangs de son potager.

Ce qu'on ne réussit pas à mettre en boîte ou en poudre, on le congèle. Depuis qu'on jouit du thé instantané, on est presque surpris de ne pas se voir offrir de la glace congelée.

Jusqu'à ces derniers temps, le seul aliment d'importance qui ait résisté à la mise en conserve ou à la congélation était la pomme de terre. Sous le nom de patate, elle est considérée chez nous comme le complément indispensable, quand ce n'est pas le fondement, de tout repas bien édifié, quoiqu'elle n'ait aucun goût précis, sauf celui de la graisse quand elle est frite.

Mais la patate a cédé. On trouve en boîte de toutes petites patates toutes rondes. Il y a même, suprême horreur ! des frites congelées. Il était permis de penser qu'on éviterait la mise en poudre à la patate, si facile à écrabouiller. Mais non ! D'un sachet, on peut maintenant tirer de la purée de patate instantanée.

À quand, les laitues « prêtes à servir » ?

Le pain qu'on mérite

Le pain a pour nous une valeur religieuse, sentimentale et intellectuelle : le pain quotidien, gagner son pain à la sueur de son front, savoir de quel côté son pain est beurré. Notre enfance a été bercée d'histoires de miettes de pain que la mère de famille ramasse précieusement pour les ranger dans la huche… Nous sommes nourris de souvenirs littéraires : le pain des justes, le pain dur, le pain sec, le pain béni.

Et regardez le pain qu'on a ! Ce beau pain blanc carré qui ne fait même pas de miettes !

Il est plutôt difficile de lui découvrir des valeurs spirituelles. Notre idéal du pain, inspiré de la tradition, s'engloutit dans la molle réalité d'une pâte indifférente qui n'est même pas capable de se faire une croûte. La grande qualité de notre pain, c'est son élasticité ; il est d'ailleurs incomparable pour faire des petites boulettes.

Ce qui distingue le pain canadien du pain des autres pays, c'est qu'il ne contient pas de farine.

Notre pain n'est pas le résultat de procédés de fabrication mais de procédés d'élimination. On élimine tout ce qui pourrait lui donner le goût et l'allure du pain, on ne vise qu'à la blancheur et à la plasticité. Une fois que le pain a été « purifié », on lui injecte des vitamines et quelques microbes inoffensifs, pour l'appeler : « pain enrichi ».

Il est possible que nous gagnions notre pain à la sueur de notre front, mais nous n'avons aucun effort à fournir pour le manger : il nous arrive déjà tranché après avoir été en quelque sorte mâché d'avance. Et, puisqu'on lui enlève ses éléments nutritifs : à peu près digéré.

On peut cependant obtenir du pain à base de farine, mais, pour éviter toute confusion, les fabricants lui donnent une teinte brun-clair et le stigmatisent en l'appelant pain de blé entier. Ce genre de pain est sans doute le résultat d'une erreur, la farine a dû rester collée quelque part.

Quant au pain croûté, on le présente comme un aliment exotique sous le nom de pain français.

La sandwichite

Le sandwich forme un des éléments constitutifs de notre régime alimentaire. C'est un aliment nutritif, intéressant à regarder et facile à préparer.

Quant à la nature elle-même du sandwich, deux écoles s'affrontent : *a*) il consiste en quelque chose qu'on flanque entre deux tranches de pain et *b*) il consiste en deux tranches de pain qu'on colle avec quelque chose.

Dans le premier cas, le sandwich est constitué d'une valeur sûre — tomates, viande compressée, œuf — dont on dilue le goût ou dont on prolonge l'effet en l'enveloppant de pain ; dans le second, il est constitué essentiellement d'une valeur neutre : les deux tranches de pain, dont on tente d'atténuer la fadeur en y interposant une mince couche collante de fromage en pâte, de *sandwich spread* ou de *beurre de pinottes*.

Parfois, le sandwich prend une forme sophistiquée : il se présente en une structure à trois étages poignardée de cure-dents et donne l'illusion d'un repas véritable, qu'accentue la présence à ses côtés de pommes de terre frites. Patates.

Le sandwich chaud, pour sa part, qu'il soit préparé à la maison ou au restaurant, a ceci de particulier qu'il est généralement froid. Enfin, le sandwich se déguise et prend quelquefois la forme d'un hamburger : c'est au Canada la seule occasion qu'on a de manger du cheval plus ou moins frais.

Pièges

Glissant vers la servitude du déjà-tout-fait, vous ne tarderez pas, aussi français que vous soyez, à céder à l'attrait des repas instantanés. Le *TV-dinner* (assiette d'aluminium sur laquelle on trouve d'un compartiment à l'autre des portions d'infâmes aliments congelés prêts à mettre au four) vous réduira à l'état de ruminant qui regarde passer les trains.

Vous décrocherez peut-être le téléphone pour commander tout chauds des plats italiens, des poulets *Bar-B-Q* ou des mets chinois, que vous dégusterez presque tièdes, tout en vous méprisant pour cette concession à l'*American way of life* et tout en vous réjouissant d'avoir donné bride à votre paresse.

Commander des mets chinois n'est pas condamnable : si vous tenez absolument à *manger chinois* — quelle expression ! — mieux vaut le faire chez vous, honteusement, entre Caucasiens ou seul avec vous-même. Dans un restaurant vraiment chinois, vous aurez l'impression de vous faire payer votre tête par le garçon, impassible comme tout Oriental, qui encourage vos excursions dans l'exotisme avec d'autant plus d'ironie qu'il sait que la plupart des plats chinois qu'il vous sert ont été inventés aux États-Unis.

L'homme au marché

Le Canadien français se meurt d'échapper au réel et au quotidien. Les supermarchés lui donnent la chance de prouver qu'il a de l'imagination et qu'il sait délaisser l'utile pour le superflu.

La femme fait un choix terne et sans poésie : pommes de terre, savon, viandes raisonnables (et dans notre jargon publicitaire : « impeccables »), lait (le laitier passe à domicile de la crème, du beurre, des œufs, du yaourt, du jus d'orange, mais rarement du lait) et boîtes de conserve *familiales*.

Mais laissez le Canadien français en liberté dans les invitants arcanes d'un supermarché ou devant les mystérieux rayons d'une épicerie spécialisée dans les importations. Lui, il va bâtir un panier réjouissant ! D'une main sûre, il choisira des fromages aux noms romantiques et aristocratiques, des légumes dont on ne parle que dans les romans, des saucissons destinés à des estomacs d'Europe centrale et de petites boîtes de conserve qui, en dépit et surtout même à cause de leur prix, auront excité sa libido et par les panoramas qu'elles évoquent auront éveillé en lui une âme d'aventurier : cœurs de palmiers, cailles désossées, truffes choisies, anguilles marinées et pieuvres à la sauce tomate.

Revenant du marché, le Canadien français n'a pas de quoi préparer un repas substantiel mais tout ce qu'il faut pour rendre l'absence du repas extrêmement excitante.

Dis-moi qui tu es !

Soumis d'un côté aux coutumes anglo-saxonnes et de l'autre à l'influence française, nous manquons d'assurance aux repas parce que nous ne savons plus au juste comment les nommer.

Si, le matin, nous n'éprouvons aucune difficulté devant nos rôtis, nos corn flakes, nos œufs et notre bacon, — c'est notre déjeuner, même si certains s'obstinent à l'appeler le petit-déjeuner —, à midi nous éprouvons une certaine angoisse car rien ne nous dit expressément à quoi nous faisons face : au déjeuner, au lunch ou au dîner ?

C'est peut-être pour éviter d'appeler le repas du midi par son nom, que tant de travailleurs, cols bleus, cols blancs et cols roulés, apportent de chez eux leur lunch.

Après le petit *snack* de l'après-midi, dont nous ne savons pas si c'est le thé, le goûter ou la collation, nous nous retrouvons devant le souper, dont nous nous demandons si par hasard il ne faudrait pas l'appeler le dîner ; par un faux-fuyant bien de chez nous, de nombreuses familles se voient réduites à l'appeler timidement « le repas du soir ».

Ce qui nous déconcerte, c'est que, vous Français, nous avez appris que le souper se prend tard le soir, après le théâtre, le cinéma, ou même à la fin d'une soirée. Mais nous acceptons mal ce déplacement des valeurs. Et, dans les invitations officielles, on est obligé de nous rappeler à l'ordre : quand on nous invite à déjeuner ou à dîner ou qu'on nous signale qu'il y aura un souper-buffet, on prend la peine, sur la carte d'invitation, de nous indiquer à quelle heure ça se passera.

Oh ! il y a des Canadiens français qui font tout pour entretenir la confusion ! Invités quelque part le soir, ils se gavent vers minuit à même un buffet et le lendemain midi — au déjeuner ou au dîner ? —, ils disent aux camarades :

— J'ai soupé chez moi hier soir, mais je te dis que, cette nuit, je t'ai pris un maudit bon lunch !

Chapitre VIII

AUTO-SUGGESTIONS

Chez vous, en France, il est normal d'avoir une automobile ; au Québec, il est presque anormal de n'en pas avoir.

Non point que la voiture soit nécessairement chez nous un *symbole de position sociale*. On a une auto parce qu'on en a besoin, parce que les distances sont longues et parce que tout le monde en a une.

Le sens des autos

J'imagine que vous vous posez beaucoup de questions sur l'importance qu'au Québec et dans toute l'Amérique du Nord on attache à l'automobile. Dans l'intention de vous éclairer, j'ai effectué une enquête en profondeur dont je vous livre les résultats. Ainsi, un fabricant d'automobiles m'expliquait, avec une grande noblesse :

— Nous ne fabriquons pas des voitures pour faire de l'argent, mais pour rendre service. L'économie tout entière de l'Amérique dépend de l'industrie de l'automobile. Notre seul souci, pour ne pas dire notre seule mission, c'est d'assurer une vie confortable aux travailleurs de l'auto et à tous ceux qui comptent sur nous : les travailleurs de l'industrie du pétrole, du caoutchouc, de l'acier, du verre et surtout de la tôle.

— Tout le prolétariat, quoi !

— Non, nous sommes aussi les piliers du capitalisme. L'industrie de l'auto garantit la survie de l'entreprise privée : concessionnaires de voitures, détaillants d'essence, compagnies d'assurance. Bien plus, elle assure, par le jeu des amendes, la stabilité financière des municipalités.

Le secret des autos

Peut-être n'en serez-vous pas ému, mais il vous faudra vivre avec cette réalité : l'automobile est le moteur de la civilisation américaine. Ou sa force motrice.

D'autre part, vous vous demanderez pourquoi les fabricants d'autos entourent d'un si grand mystère la mise au point de leurs nouveaux modèles… C'est qu'ils veulent prendre le monde entier par surprise et pendant deux mois le préparent au choc en lui disant qu'ils vont le prendre par surprise. Cela est puéril, mais le fabricant d'autos connaît le secret de la raison en même temps que la raison du secret :

— C'est contre nos concurrents que nous nous défendons. Ils ne doivent absolument pas savoir que nos espions ont découvert les secrets de leurs nouveaux modèles et que nous les avons incorporés dans nos propres voitures. Mais ils sont déloyaux. À la toute dernière minute, ils pourraient ajouter quelque accessoire que nous n'avons pas : un cendrier qui se vide facilement, un phare qui éclaire vraiment, un pare-chocs qui pare les chocs.

— Vos relations avec vos concurrents sont si tendues que ça ?

— Oh non ! Tous les fabricants d'auto se réunissent

régulièrement en secret pour écarter toutes les inventions et supprimer toutes les améliorations qui pourraient révolutionner l'industrie.

J'allais poser la question, il m'a prévenu :

— Nous préparons des prototypes de voitures révolutionnaires pour démontrer qu'il est impossible de les fabriquer en série. De toute façon, la moindre auto révolutionnaire serait plus solide et démolirait tout notre système !

L'avenir des autos

C'est ici qu'intervient la notion, pour vous nouvelle, de « désuétude planifiée ». On fabrique l'auto de façon qu'elle ne puisse pas durer et, pour contrecarrer l'automobiliste obstiné qui réussit à maintenir sa voiture en état de rouler, on transforme de fond en comble la carrosserie des nouveaux modèles tous les trois ans : il subit le mépris général parce qu'il conduit une auto passée de mode.

Le consommateur modèle du Québec a *le char de l'année*. Si vous vous scandalisez, le fabricant vous répondra :

« Une voiture durable dont on ne changerait jamais ? Vous êtes fou ! Et les acheteurs de voitures d'occasion, qu'est-ce que vous en faites ? »

On parle beaucoup de voitures à sécurité maximum et on reproche aux producteurs de négliger les dispositifs de sécurité. Le fabricant éclate :

« La sécurité maximum ? Vous voudriez que nous, les fabricants de voitures, nous imposassions nos convictions aux automobilistes ? Non, nous devons les laisser libres de choisir entre la vie et la mort ! »

Je me suis permis une dernière question :

— Vous aimez fabriquer des voitures ?

— Pour ma part, je préfère fabriquer des tanks. Mais on n'a malheureusement plus les guerres qu'on avait !

L'éventail des autos

En France, vous avez l'auto ordinaire et la petite auto. Au Québec, nous avons la *compacte,* qui est à mi-chemin : elle se rapproche de la grosse auto tout en donnant l'illusion qu'elle se rapproche de la petite. Comme l'expliquait un dépositaire de voitures, nous sommes carrément sur la voie du progrès :

— Nous nous glorifions d'une des plus grandes réussites des temps modernes : nous avons décompactisé la compacte. La voiture compacte présentait un grave inconvénient : elle était trop petite. Peu à peu, nous lui avons laissé prendre ses dimensions véritables et seul son nom la distingue des grosses voitures.

— Je ne comprends pas pourquoi vous présentez la même voiture sous une dizaine de noms différents…

— Moi non plus.

— Pourquoi la décapotable se vend-elle plus cher ?

— Parce que la toile coûte plus cher que la tôle.

— La décapotable est-elle plus dangereuse ?

— Seuls ceux qui n'ont pas les moyens d'en avoir une vous l'affirmeront.

— Je note que, de plus en plus, vous insistez sur les voitures sport.

— Oui, la voiture, jusqu'ici, avait ceci de paradoxal qu'elle était meurtrière sans le paraître. Nous avons voulu rétablir les faits dans une perspective exacte : la voiture sport n'est pas seulement meurtrière, elle en a l'air !

Le louage des autos

En France comme au Québec, si vous ne voulez pas acheter de voiture, vous pouvez en louer une, avec cette différence toutefois que, chez nous, la location d'autos est devenue une gigantesque entreprise. Un loueur de voitures m'a expliqué le phénomène et m'a conseillé de ne jamais acheter de voiture : j'y perdrais* !

— Je vous loue une voiture de 4 000 $ toute neuve — pneus blancs, radio, réservoir plein — pour une période de deux ans. Si l'auto doit entrer au garage, je vous en passe une autre en attendant : pas de problèmes, pas de taxis.

— Vous êtes bien gentil.

— Et regardez ce que je paie à votre place. Taxe de vente : 320 $; enregistrement, deux fois : 50 $. Assurances : 200 $. Pneus neufs d'été pour la deuxième année et pneus d'hiver : 120 $. Huile, lubrification, antigel, mises au point, réparations, etc. : 1 000 $. Total que je paye : 1 690 $.

— Je vous remercie.

— Et regardez ce que vous ne perdez pas, toujours à 4 000 $! Taxis en cas de panne : 50 $. Dépréciation la première année : 1 400 $; la deuxième : 800 $. En tout : 2 200 $. Financement : 800 $. Total de ce que vous épargnez : 3 050 $. Grand total : 1 690 $ plus 3 050 $: 4 740 $.

— L'auto que vous me louez, elle ?

— 140 $ par mois pendant 24 mois : 3 360 $. Vous gagnez 1 380 $.

— Oui, mais, ayant acheté la voiture, elle me reste. Dépréciée selon vos calculs, elle vaut encore 1 800 $.

— Ces 1 800 $, vous n'aimez pas mieux les avoir dans votre poche, au lieu de courir après en essayant de revendre votre voiture ? Sans compter que vous avez immobilisé sans intérêts 4 000 $ de capital pendant deux ans !

— C'est fort. Vous me faites gagner 1 380 $! Vous devez y perdre !

— Certainement que j'y perds ! On n'a pas été scout pour rien !

— Ça va, je reviens vous voir la semaine prochaine.

---

* Pour traduire en prix de 1999, multiplier par 4,6644.

— Ah non. Je pars lundi pour trois mois en croisière sur mon yacht.

Le docteur des autos

Je suppose que vous n'êtes pas convaincu, que vous aimez posséder quelque chose et que, plutôt que de louer une voiture, vous en achèterez une. Quelles que soient vos réserves, optez pour la voiture américaine. Si vous achetez une voiture de fabrication française, vous serez obligé d'avoir affaire à des Français.

Au volant de votre voiture américaine, vous rencontrerez pour la première fois un mécanicien canadien-français.

Au départ, vous serez mis en état d'infériorité. Vous connaissez un peu la mécanique et vous tentez d'expliquer ce qui ne va pas : le mécanicien vous fait sentir, sans dire un mot, que « c'est probablement pas ça! »

Il vous regarde et n'a pas l'air de vous écouter; quand vous avez fini, il jette un coup d'œil sous le capot ou, mieux encore, n'attend même pas que vous vous taisiez pour commencer l'examen.

Une fois que vous vous êtes expliqué, le bon mécanicien canadien-français est censé cracher par terre. C'est là un rite dont l'origine est inconnue, mais on ne peut guère se méprendre sur sa signification.

* * *

S'il n'a pas le goût de travailler tout de suite, le mécanicien vous lance la phrase qui semble être sa devise :

« Il va falloir démancher ça! »

Et il vous enlève votre auto! Même si le bobo n'est qu'un petit hoquet de moteur ou un discret murmure de transmission! Vous revenez le lendemain et vous tombez, non pas sur le mécanicien qui doit être en train de « démancher » autre chose, mais sur une note de frais qui vous dira ce qui n'allait pas. Si toutefois vous êtes capable de la déchiffrer : les mots sont en anglais et les dollars en français !

* * *

Le mécanicien canadien-français qui entreprend sur le champ un travail de réparation a l'art de faire durer le supplice. D'abord, il aura l'air indifférent, sifflant une mélodie qui doit dater de l'invention de l'automobile ou fumant une cigarette juste au-dessous de votre réservoir d'essence : ce sera sa période médecin-en-voie-de-diagnostic-à-qui-on-ne-peut-pas-faire-dire-si-on-passera-la-nuit. Puis, il jettera des phrases qui seront autant des insultes que des menaces :

« Votre suspension a l'air pas mal finie ! »

« Vous devez pas la graisser souvent ! »

« Avec une king-pin arrangée de même, ça doit pas être drôle de tourner ! »

« Y a-ti des fois que vous mettez de l'huile là-dedans ? »

« Jos, veux-tu en voir un, un carburateur qui est sale ? »

Il vous dira volontiers, après l'examen :

« On n'a pas le morceau ! »

Vous lui demanderez si vous pouvez quand même rouler.

« Oh oui, en dépassant pas 50 milles à l'heure. »

Vous insistez, vous voulez savoir ce qui peut vous arriver. Les réponses sont empreintes de sérénité :

« Ben, votre moteur peut prendre en pain… »

« Ben, y a une roue qui peut partir… »

« Ben, votre transmission peut vous arriver dans la face… »

Vous voilà assez amolli pour que le mécanicien puisse changer sans votre consentement les bougies, la batterie, l'huile, et quelques-uns des objets qu'il appelle des « gaskets ». Ne lui demandez surtout pas ce que c'est : un tel aveu d'ignorance l'incitera à vous refiler toutes les pièces de rechange qu'il a sous la main.

Le seul employé de garage canadien-français chez qui vous trouverez un peu de fraternité est le conducteur de camion de remorquage. Quand il arrive à votre auto en panne, il vous lance le regard triste et doux qu'on accorde aux cochons qu'on mène à l'abattoir.

La conduite des autos

Vous avez conduit une voiture en France et vous avez dû en voir de belles : vous vous imaginez aguerri et prêt à affronter notre circulation. Détrompez-vous ! J'ai eu les confidences d'un Américain qui avait fait le tour du monde et qui, depuis, est mort au champ d'honneur sur les routes du Québec :

« Autrefois, je participais à des safaris en Afrique, mais c'est dépassé ! Pour avoir le vrai frisson, il faut venir conduire une voiture au Québec ! Rien n'est plus excitant que de tenter de sortir sain et sauf de la lutte perfide et mortelle que se livrent les automobilistes québécois pour arriver les premiers nulle part ! »

J'ai fait remarquer à mon Américain que, même si le nombre des accidents était élevé au Québec, il ne dépassait pas les limites de la saine concurrence avec les autres provinces.

« Ce qui est charmant chez vous, m'a-t-il répondu, ce ne sont pas les accidents qu'on a, ce sont ceux qu'on évite. Ah, quel cauchemar ! Vous ne savez jamais qui va vous doubler à droite, qui va vous basculer dans le fossé, qui va quitter sa file pour vous foncer dessus en plein front ou qui, lorsque vous doublez, va brusquement accélérer pour que vous restiez pris devant une voiture doublant en sens inverse ! Je n'ai jamais vu ça nulle part ! »

Ces vibrantes paroles m'ont rendu fier d'être Québécois, mais avec une fausse humilité je l'ai dissimulé :

— Les Français, ai-je dit, passent pour conduire assez vite…

— Pas intéressants. Trop méthodiques. Ne pensent qu'à leur moyenne.

— On dit que les Italiens doublent dans les côtes et dans les bourbes…

— Puéril. Mais vous, Québécois, vous mettez tant de fantaisie et de désinvolture dans votre mépris des lois qu'il est impossible de deviner quel genre d'accident vous voulez causer et combien d'autos vous cherchez à réduire en bouillie.

— Notre mépris des lois ?

— La désobéissance aux règlements de la circulation est un besoin inné chez vous. Et vous êtes tout à fait originaux : vous ne pensez pas que les règlements ne sont faits que pour les autres, car vous savez fort bien que pas plus que vous ils ne s'y conformeront. Mais vous ignorez le moment précis que l'autre choisira pour déroger au même règlement que vous. Les Québécois au volant se donnent les uns aux autres le bénéfice exaltant de l'élément-surprise !

* * *

Tous ces compliments m'ont laissé songeur, j'en ai fait part à un haut personnage de la police de la route qui a hoché la tête en murmurant :

« Les gens font pas ben ben attention… »

* * *

Un psychiatre m'a expliqué :

« L'automobiliste canadien-français manifeste dans son comportement au volant la conscience de sa qualité de minoritaire. Il devient agressif et c'est grâce à son auto qu'il cherche à s'imposer. La voiture est pour le Canadien français le symbole de l'indépendance ou de la souveraineté par association. Souverain dans son état-automobile, le Québécois se soucie fort peu des relations *extérieures,* néglige le protocole et n'hésite pas à causer par les excès de sa mobilisation générale les affrontements et au besoin la rupture.

Les piétons devant les autos

J'ai compris que la grande victime de notre mauvaise conduite, c'est le piéton sans défense, si facile à démolir, le piéton qu'on méprise parce qu'il a peur. Pour voir le piéton par les yeux des conducteurs, je me suis rendu dans un endroit où se rencontrent les automobilistes.

« Il ne faut pas croire qu'il y ait deux groupes distincts : autos et piétons. Non, ces deux classes ne sont pas séparées, elles se compénètrent. Quoiqu'il faille admettre que le plus souvent ce sont les autos qui pénètrent dans les piétons. Compénétration. À sens unique. »

« C'est cela, c'est le problème de la communication, a confirmé un automobiliste qui semblait connaître les grands courants de l'inquiétude contemporaine. L'automobiliste souffre d'être privé du contact avec le piéton. Il se sent rejeté : il veut s'en approcher, le sentir tout contre lui et c'est sans doute par excès d'amour qu'il l'écrase au lieu de l'étreindre. »

* * *

Tous les automobilistes que j'ai interrogés se sont mis d'accord sur deux choses :

« Un automobiliste qui descend de sa voiture n'est qu'un piéton d'occasion, il n'a pas une mentalité de piéton. Il est conscient des devoirs du piéton envers l'automobiliste et sait reconnaître une classe supérieure quand elle lui arrive dessus. »

« Être piéton, ce n'est pas un droit, ce n'est qu'un privilège. »

Soudain, un de ceux que j'interrogeais m'a saisi à la gorge :

— Pourquoi posez-vous toutes ces questions ?

— Oui, qu'est-ce qu'il a à venir fouiner par ici !

— Ça doit être un espion des piétons.

— Barre-lui le chemin, je fonce dedans !

— Tiens-le, je le prends au virage !

— Oh, ce n'est plus drôle, il est tombé !

— Laissons-le ! On a sa fierté : on ne roule jamais sur un homme à terre !

La balade aux autos

Un Français de mes amis me racontait que, venant tout juste d'arriver à Montréal, il avait voulu voir comment conduisait le Canadien français et vivre l'expérience du volant québécois. Apercevant un homme à l'allure respectable, qui s'apprêtait à monter dans sa voiture, il s'est approché :

— Monsieur, me permettez-vous de monter à vos côtés ? je suis un immigrant français et j'aimerais me rendre compte *de visu* de vos difficultés de circulation.

— Un Français de France ? Ça me fait plaisir. Embarquez ! Je vas vous montrer comment on chauffe !

Sa voiture étant coincée entre deux autos, l'homme n'a pas hésité : il a fait brusquement marche arrière. Le choc l'a fait éclater de rire :

— Les bumpers, ç'a pas été inventé pour rien !

— Mais vous lui avez peut-être fait d'importants dégâts…

— Il avait qu'à pas me coller !

Il s'est mis en marche avant, a aplati l'accélérateur et s'est lancé en flèche, forçant deux ou trois autos à faire le grand écart.

— Vous ne signalez pas lorsque vous vous mettez en marche !

— Vous inquiétez pas ! Ils m'ont vu venir.

Il a foncé, effleurant par la droite trois ou quatre voitures, puis a viré à 45 degrés pour s'installer dans la voie de gauche. Derrière, les grincements de pneus se mêlaient aux grincements de dents.

Le Français a naïvement demandé :

— Avez-vous un terme spécifique pour ce genre de manœuvre ?

— Ça s'appelle couper. Mais ils devraient savoir qu'on se tient pas à gauche quand on fait rien que du 35 milles à l'heure !

— Je vois. C'est comme à Paris, vous n'avez pas de limites de vitesse…

— Certainement qu'on en a ! 30 milles maximum dans les villes !

— Ne faites-vous pas du 45 en ce moment ?

L'homme a regardé longuement le Français, ce qui lui a fait perdre la notion de ce qui se passait devant lui.

— Vous avez beau être Français, vous devez venir de la campagne !

Il a eu tout juste le temps de freiner. L'élan de sa voiture était déjà brisé par le pare-choc d'une auto arrêtée au feu rouge. L'autre automobiliste, courroucé et secoué dans son arrière-train, est sorti inspecter les dégâts. L'homme a pris l'offensive :

— Quand on arrête, on signale !

— Mais… vous avez dû voir mes feux de freinage…

— Vos lumières de brakes ? Où ça ? Je viens de les péter !

— Vous m'avez frappé par derrière, vous êtes dans votre tort…

— T'es tout seul, moi j'ai un témoin.

L'automobiliste est remonté tristement dans sa voiture, écrasant sous son pied les éclats de verre et grommelant :

— Il n'y a pas de justice en ce monde…

— Lâche-moi pas de grossièretés, mon écœurant !

Le feu est passé au vert. L'homme a avancé un peu, en place pour virer à gauche. Le Français, notant le signal, a cru bon de l'avertir :

— « Virage à gauche interdit ! »

— Si on vous le demande, vous direz que je l'ai pas vu !

Il a viré, puis accéléré. Non loin, un feu vert tournait au jaune.

— Hé ! Pas trop vite, vous n'aurez pas le temps de passer…

— Vous allez voir si j'ai pas le temps de passer !

Il a brûlé le feu rouge à 55 milles à l'heure, puis, avec un coup de coude complice :

— Disons que j'ai pas pu m'arrêter, j'ai plus les réflexes que j'avais !

— Vous preniez un certain risque, il me semble…

— Oh non, à cette vitesse-là, il y a personne qui m'a vu !

Il a dû ralentir en rejoignant la file, dont il a pris la tête grâce à de périlleux zigzags.

— Vous frôlez vraiment les voitures, n'est-ce pas ?

— Je les touche jamais !

Un agent, appuyé à une voiture stationnée, rédigeait une contravention. L'homme a eu un reniflement de mépris :

— Ceux-là, si, au lieu de mettre des billets, ils s'occupaient des cabochons qui mettent la vie de tout le monde en danger !

L'auto a appuyé vers la droite pour virer ; des piétons encombraient la chaussée.

— Monsieur, les piétons n'ont-ils pas priorité ?

— Qu'ils le prouvent !

Ils se sont éparpillés, effrayés par les coups de klaxon.

— N'est-il pas, monsieur, interdit de klaxonner, chez vous?

— C'est la seule manière de les faire s'ôter de d'là!

Un signal d'arrêt, une jeune femme s'apprête à descendre du trottoir. L'homme lui coupe le passage et fonce, s'exclamant dans un ricanement:

— Elle est laide: elle est pas pressée!

Devant, une voiture portant en évidence un écriteau: « École de conduite. Élève au volant ». L'homme la double par la droite, se plante dans son chemin, ralentit, l'invite à passer, puis la coince sur le trottoir. L'élève est pâle de terreur. L'homme s'esclaffe:

— Il faut qu'il apprenne que dans le trafic il va avoir affaire à des maudits fous!

Entre-temps, une voiture a doublé l'homme, qui serre les dents:

— Ce petit jeu-là, ça se joue à deux!

Il accélère de nouveau, rejoint l'insolent, le colle, klaxonne, le pousse vers la droite, parvient à sa hauteur et lui crie:

— Si j'étais pas si pressé, je te casserais la gueule!

Le Français ne peut retenir une remarque:

— Vous êtes plutôt agressif au volant…

— Moi? Vous m'avez pas vu quand je suis en forme!

Une sirène d'ambulance hurle l'homme ne se range pas et tient le centre de la chaussée.

— Mais, monsieur, ne devez-vous pas laisser passer l'ambulance?

— Qu'est-ce que ça donne! De toute façon, il est déjà probablement mort.

Puis, après un léger temps:

— Ces ambulances-là, ça fait trop de vitesse.

Il freine brusquement et se colle au trottoir, frôlant un petit enfant qui tombe à quatre pattes.

— Eh ben, c'est ici qu'on débarque!

Le Français examine l'immeuble et s'affole:

— « Poste de Police »… Mais, monsieur, je n'ai rien fait… !

— Mais non, mais non. Je viens juste prendre ma shift, je travaille sur la radio-police.

Les ligues des autos

Au Québec, le sens de l'association est poussé jusqu'à l'absurde. Les ligues de sécurité routière fleurissent dans l'indifférence générale*. Le directeur d'une de ces ligues a tenu à m'exposer sa vocation :

— Nous accomplissons deux œuvres d'importance majeure. La première, c'est le lancement des campagnes de sécurité. Nous y rappelons que, parmi les causes d'accidents, il y a l'alcool, la vitesse, l'imprudence, les déficiences mécaniques, les courbes, les embardées et la circulation en général.

— À votre avis, quelle est la plus grande cause d'accident?

— Les collisions.

— je n'y aurais pas pensé.

— Un peu comme l'hémorragie est causée par la perte de sang, ainsi les accidents sont causés par les collisions. De front, de biais ou de flanc; avec un autre véhicule ou plusieurs autres; un poteau, un mur ou un piéton.

— Et à quoi servent au juste vos campagnes de sécurité?

— D'abord, à notre publicité personnelle; ensuite, au développement de la culture littéraire, grâce à la fabrication des slogans de sécurité : « La vie que vous sauvez est peut-être la mienne », « Ne mêlez pas l'alcool avec l'essence, ça goûte méchant », et cætera…

---

* C'est maintenant le gouvernement qui s'occupe de la sécurité routière. Vous ne serez d'ailleurs pas dépaysé au Québec, la société nord-américaine où l'État est le plus omniprésent.

— Est-ce que vous sauvez des vies grâce aux slogans ins-crits sur les grands panneaux le long des routes ?

— J'en doute. L'automobiliste qui veut lire les slogans freine brusquement ou perd la route de vue et la maîtrise du volant lui échappe.

— Vous parliez tantôt de deux œuvres majeures…

— Notre deuxième œuvre, de loin la plus importante, consiste dans la compilation des statistiques d'accidents et dans la prédiction du nombre de morts durant telle ou telle fin de semaine.

— Les résultats concordent ?

— Ils dépassent parfois nos espérances. Nous annon-cions 20 morts, on en réussit 24 !

— Et l'inverse se produit ?

— Malheureusement oui. Tenez, un vendredi, nous pré-voyions 35 morts ; le lundi, nous pouvions à peine en ramas-ser 25. C'est frustrant.

— Comment expliquer un tel décalage ?

— Plusieurs des morts sont secourus à temps par des ambulanciers trop zélés ou s'obstinent à survivre quatre ou cinq jours, ce qui les reporte au bilan de la semaine suivante. Les autres morts prévus sont allés se faire tuer aux États-Unis et ce sont les Américains qui en profitent pour gonfler leurs statistiques.

Chapitre IX

MONTRÉAL, VILLE
TROP INTERNATIONALE

Vous vous installerez sans doute à Montréal. Vous y trouverez beaucoup de Français : ils forment la colonie française, peut-être la seule colonie qui reste à la France.

C'est à Montréal que vous connaîtrez la masse canadienne-française. Près de la moitié de la population du Québec vote dans la région ou l'agglomération de Montréal*. La ville elle-même compte un vague million et demi d'âmes, qui ont un peu le vague à l'âme : 40 % des Montréalais, en effet, sont à peu près pauvres, en ce sens que « leur état — dit-on — est inférieur à celui de la pauvreté ».

Il ne fait pas toujours bon vivre à Montréal, c'est pourquoi peut-être on en a fait une ville touristique.

---

* Trois millions de personnes habitent maintenant dans la région de Montréal mais la ville elle-même compte moins d'un million d'âmes, victime de l'exode vers les banlieues, que les Nord-Américains appellent l'effet trou de beigne. Nos beignes, vos beignets, ont un trou au milieu.

* * *

La plupart des routes de l'Amérique du Nord mènent à Montréal, mais la ville est d'un accès difficile. Montréal, maintenant dotée d'un merveilleux réseau routier de ceinture et de bretelles, en est encore à l'âge des balbutiements dans ses indications routières. On peut rater les voies d'accès à Montréal et aller se perdre quelque part ailleurs ; il semble qu'Ottawa et Toronto s'enorgueillissent d'un bon nombre de touristes qui ne leur étaient pas destinés.

* * *

Montréal, deuxième ville française au monde, a le rang de troisième métropole anglaise de l'univers et l'aspect d'une ville américaine.

Au cœur de la ville, apercevant les affiches, les placards, les enseignes, enfin tout ce qui est écrit en un français de bonne volonté, vous vous direz : « Montréal n'est pas une ville française, c'est une ville traduite*. »

Soixante-dix pour cent des Montréalais sont d'expression française (?), mais la ville a été si longtemps dominée par la minorité anglophone, parfois retranchée en banlieue, que maintenant encore Montréal *fait anglais*. La population canadienne-française se débarrasse difficilement de ses mauvaises habitudes et donne à la métropole la dignité de toutes les

---

* Avec la loi 101, promulguée en 1976, l'affichage est obligatoirement français. L'affichage anglais est permis, mais le français doit être prédominant, en vertu d'un ensemble de règles complexes, voire parfois ridicules. La langue de premier contact est devenue le français à un tel point qu'il serait inconcevable que deux francophones commencent une conversation en anglais. On peut toutefois assister, quoique rarement, au spectacle charmant de deux anglophones qui s'abordent en français.

villes cosmopolites de l'univers, où il faut parler anglais pour se faire comprendre !

Certains Canadiens français de Montréal, se rencontrant dans la rue sans se connaître, se tâtent d'abord en anglais.

Il y a des touristes cruels qui disent : « Le visage français de Montréal, on le trouve sur le menu des restaurants. »

* * *

Montréal a d'excellents restaurants, dont les meilleurs sont européens. Seuls vous dépayseront ceux qui servent les plats canadiens dont je vous parlais : vous y trouverez une atmosphère rustique et le confort à l'ancienne, c'est-à-dire que vous y serez mal assis.

Je vous mets en garde contre le caractère d'universalité que prétendent se donner certains restaurants qui proclament éclectiquement : « Spécialités : cuisine chinoise, cuisine canadienne, cuisine italienne ». C'est un peu comme si un garagiste annonçait « Spécialité : réparations générales ».

Je signale enfin à votre attention les restaurants grecs qui de concert avec les restaurants italiens perpétuent dans notre société la civilisation gréco-romaine.

Les restaurants tenus par des Grecs mais qui n'offrent pas de plats grecs se retrouvent dans tous les quartiers de la ville : ils ont en commun la même sauce brune épaisse, fabriquée probablement une fois l'an, qu'ils servent impartialement avec le poulet, le bœuf, le porc, l'agneau, les sandwichs chauds et dont ils arroseront peut-être vos glaces si vous ne spécifiez pas votre préférence pour le caramel.

* * *

Montréal a fait de grands efforts pour *promouvoir la culture de masse*, anglicisme qui se rend par « permettre l'accès du peuple à la culture ». À grand renfort de millions, on a aménagé la Place des Arts, à laquelle le peuple peut accéder par le métro. Mais, comme on amortit ces millions en corsant les prix d'entrée, le peuple n'entre pas à la Place des Arts. La Place des Arts n'est pas le centre artistique du peuple de Montréal, c'est une station de métro.

* * *

Lorsque vous aurez fait le tour du Vieux-Montréal et aurez admiré le Château de Ramezay, l'église Bonsecours, la place Jacques-Cartier et diverses autres places ainsi que quelques vieux édifices, vous direz :

« Vous n'en avez pas beaucoup, de monuments historiques, à Montréal : vous devriez en construire d'autres… »

Nos anciens régimes municipaux n'avaient pas pensé à prendre des mesures de conservation. Grâce à la fiévreuse ardeur des démolisseurs, les trois quarts des maisons historiques de Montréal servent maintenant de parcs de stationnement.

* * *

Vous contemplerez l'ancienne Bourse, les vieilles banques, la façade de nos principaux collèges, la Bibliothèque municipale, le marché Bonsecours et une foule d'autres immeubles et vous ne pourrez vous empêcher de vous écrier :

« Montréal est le centre de la renaissance de l'architecture hellénique ! Il y a plus de temples grecs à Montréal que dans la Grèce tout entière ! »

L'église Notre-Dame vous fera penser à votre Notre-Dame de Paris. Vous comprendrez cependant que nous l'avons construite après la vôtre et qu'un océan les sépare : la copie a perdu de sa fidélité au cours du voyage.

Vous retrouverez la même laideur dans notre cathédrale, dont Saint-Pierre-de-Rome a servilement emprunté l'architecture — en trois fois plus gros.

* * *

Montréal est bâtie autour du mont Royal, mais, pour apercevoir la montagne, il vous faudra grimper tout au haut d'un des nombreux gratte-ciel qui s'élèvent à sa base et sur ses flancs, la cachant à la vue. Du gratte-ciel aussi, vous pourrez voir le fleuve, et le port de Montréal, qui n'est pas un port franc. L'accès en est plutôt difficile, quoique en cherchant bien vous y trouverez peut-être quatre entrées, ornées d'un écriteau : « Défense d'entrer ».

La plus belle heure que puisse vous offrir la terre de Montréal, vous la passerez sous terre. Montréal s'est creusé un incroyable réseau de galeries souterraines, bordées de boutiques, de restaurants, de terrasses, et reliant ses grands hôtels, ses principales places, sa plus importante gare et son métro tout neuf. En une heure, vous ne pourrez que parcourir ces galeries, mais, si vous le voulez, vous passerez toute votre vie dans cet univers souterrain : ce sera votre façon d'approfondir Montréal.

Chapitre X

ARTS ET LOISIRS

Vous n'aurez pas, étant Français, à vous imposer d'efforts particuliers pour vous familiariser avec les noms des littérateurs et des artistes à qui nous accordons quelque importance au Québec. Ils vous sont déjà connus. Tout écrivain ou artiste québécois qui a un nom se l'est fait à Paris.

* * *

Si vous êtes intéressé à la peinture, vous savez que l'École de Montréal a bonne réputation dans les cercles internationaux des beaux-arts. L'École de Montréal a sans doute été ainsi nommée parce que la plupart des peintres qui la formaient ont quitté Montréal pour se réfugier en France ou aux États-Unis.

La sculpture moderne a sa place au Québec : nous avons la place qu'il faut pour l'installer au grand air. Un peu partout, s'élèvent d'audacieuses structures, massives ou élancées, provoquant l'étonnement des passants qui manifestent leur admiration en éclatant de rire.

Comme disait l'autre, en voyant une sculpture projetant ses éléments de métal :

« Je sais pas quand c'est qu'ils vont assembler ça ! »

* * *

Nous avons plusieurs troupes de théâtre, mais peu de pièces canadiennes. Vous connaissez peut-être quelques-unes de nos pièces : nous les exportons en Europe pour mieux les faire démolir.

Nous aimons le théâtre, mais nous allons au spectacle surtout parce que nous éprouvons le besoin de sortir et de nous faire voir :

« Je suis venu, j'ai été vu, j'ai vécu ! »

* * *

Il se publie tellement de livres au Québec que personne n'a le temps de les lire, quoique beaucoup les achètent. Par contre, nous lisons beaucoup les journaux, dont certains vous étonneront par leur poids. Au Québec, les quotidiens de plus de cent pages sont chose à peu près quotidienne.

Les journaux du Québec ne vous paraîtront pas trop différents des vôtres : les pires que nous ayons se comparent avantageusement aux pires que vous ayez.

Une mise au point s'impose : en France, seul est appelé journaliste celui qui fait du journalisme ; chez nous sont journalistes tous ceux qui « font » quelque chose dans le journal, y compris les avis de décès, les mots croisés et les courses au café.

N'importe qui devient journaliste, à la condition de savoir écrire, quoique ce ne soit pas essentiel. Comme au Québec on n'apprend pas le français, personne ne l'écrit correctement et, chez les journalistes comme chez les autres, il y a simplement divers degrés d'analphabétisme. Je suis journaliste.

* * *

Nous avons une télévision d'État et une télévision privée qui sont toutes deux soumises aux impératifs de la réclame, s'immolant à l'idéal de la propreté incarné par le savon*.

Vous noterez en passant que c'est sous de fausses représentations que sont offerts nos émission de *variétés* : les *variétés,* c'est toujours la même chose.

Notre télévision, dans ses émissions d'information, de discussion, de culture et d'agrément, fait une incroyable consommation de professeurs. Ne vous demandez pas d'où vient la faiblesse de notre enseignement universitaire : les professeurs sont tellement occupés à aller donner leur opinion à la télévision qu'ils n'ont même plus le temps d'aller donner leurs cours à l'université.

---

* Au moment d'écrire ces lignes, nous avons 45 chaînes de télé, encore plus soumises aux impératifs de la réclame, s'immolant à l'idéal de la propreté incarné par le savon.

Chapitre XI

C'EST L'HIVER

Les saisons

Qu'il pleuve ou non, les météorologistes du Québec ne se mouillent pas.

N'étant pas des imbéciles, ils se montrent prudents et vagues, se réfugiant dans des formules peu compromettantes qui leur permettent de jouer sur les deux tableaux à la fois : « Risque de neige », « Possibilité de gel », « Pluie intermittente », « Température saisonnière », « Nébulosité variable », « Plus ou moins nuageux », « Périodes de temps ensoleillé se terminant dans la soirée ».

* * *

Nos saisons sont capricieuses et ne correspondent pas aux équinoxes, en ce sens que le printemps et l'automne n'existent pratiquement pas : nous nous contentons de deux saisons, l'été et l'hiver, dont la durée varie selon les années et les commentaires des journalistes.

On peut d'autre part soutenir l'opinion contraire et dire que le printemps est d'une longueur démesurée tandis que l'automne commence trop tôt et se prolonge indûment jusqu'à Noël. Avec ce résultat qu'on peut avoir un ou deux bons mois d'hiver et à peine un mois et demi d'été. Chose certaine, il n'y a que quelques semaines de vrai soleil et de froid incontestable. Le reste du temps reste incertain et la température se permet des sauts absolument ridicules. Il n'est pas rare, l'hiver, que la journée commence dans un froid glacial pour se terminer avec une douce pluie un peu chaude qui réduit les fourrures en bouillie.

* * *

Ce ne sont jamais les météorologistes qui nous font savoir que l'automne est terminé. L'hiver est commencé lorsque le service de la Voie publique est deux jours en retard pour déblayer la neige…

Vêtements d'hiver

Soyez vêtu pour l'hiver. Nous, nous ne le sommes pas. Nous ne faisons preuve de raison que dans le cas des petits enfants, que nous emmitouflons totalement jusqu'à leur donner l'aspect de boules malhabiles.

La Canadienne française se couvre chaudement, richement et coquettement d'un manteau de fourrure, mais elle laisse le froid mordre ses jambes sous l'irrationnelle pellicule de nylon. Le Canadien français se protège les jambes aussi bien que le corps mais offre ses pauvres oreilles au vent glacial, qui les rend si « croquantes » (réclame à la TV).

Le Canadien français — au lieu de porter des manteaux puissamment doublés ou de glisser entre son manteau et son complet des tuniques de laine ou même des peaux de bêtes, qui le tiendraient bien au chaud lorsqu'il est à l'extérieur et dont il pourrait se dépouiller en entrant quelque part — préfère s'étouffer sous d'épais complets, se couvrir le torse de chandails et s'envelopper le corps de *combinaisons d'hiver* : il souffre irrémédiablement dès l'instant où il s'enferme dans les pièces surchauffées où il gagne son pain ou tue le temps à la sueur de son front*.

Vous, Français, éternellement glacé l'hiver dans vos maisons, serez tout réchauffé d'apprendre que nos pièces sont moins chaudes en été qu'en hiver.

Dualité

Dans tout Canadien français, il y a deux hommes : celui qui vit l'hiver, celui qui vit l'été. Et il faut être merveilleusement équilibré pour supporter, d'une saison à l'autre, une différence de température de plus de 100° (F), et vivre deux vies successives sans se réfugier à tout jamais dans le rêve.

L'été, le Canadien français s'épanouit et se laisse écouler. Il travaille sans conviction, n'invente rien, n'entreprend rien : il est si peu ouvert aux choses de l'esprit que même ses commanditaires de radio et de télévision le délaissent ; il se fait négligemment des amis qu'il oubliera, l'hiver. J'allais dire : il ne pense qu'à vivre, mais il ne pense même plus !

La Canadienne française se transforme en un chaud animal, l'été ; elle devient vraiment femme ; lourd vêtue, l'hiver, elle se dénude adorablement, l'été ; elle rayonne et inspire sans en être trop consciente l'état de semi-décadence

---

* Crise de l'énergie oblige, les maisons, quoique confortables, ne sont plus surchauffées. La combinaison, un sous-vêtement long, est disparue, sauf si elle est portée comme pyjama et si elle est griffée Ralph Lauren ou Calvin Klein.

dans lequel le Canadien français trouve la force de vivre à ne rien faire, l'été.

L'hiver, le Canadien français est actif et il travaille en réussissant à penser; il crée son avenir en même temps que celui de l'État; comme tout Nordique, il n'a pas de temps à perdre. C'est justement pourquoi il ne sait que faire de ses week-ends, l'hiver.

Au Québec, on divise carrément la semaine d'hiver en deux : la semaine proprement dite et la fin de semaine — traduction canadienne du mot français week-end. Il est difficile de dire laquelle des deux est la moins longue.

Les longs week-ends d'hiver

La semaine est la période où l'on travaille; la fin de semaine est celle où l'on s'ennuie. Or la semaine proprement dite est réglée d'avance, tandis que la fin de semaine est livrée à l'initiative personnelle. Avec des résultats désastreux.

Les fins de semaine d'hiver, on ne sait quoi faire de soi. Il serait beaucoup plus simple d'abandonner la partie au départ, mais on se sentirait coupable si on n'essayait pas de s'amuser. On fait donc son devoir d'honnête homme : on s'amuse à s'ennuyer.

* * *

Le vendredi soir ne pose pas trop de problèmes. Si on ne fait rien, on a encore l'excuse d'être abruti par la semaine de travail.

Le plus simple, si on a de grands enfants, c'est de les faire sortir. On aura, pour rester, le prétexte d'avoir à garder les plus jeunes. Ce qui assurera le plaisir de s'engueuler toute la soirée avec sa femme et de se reprocher mutuellement d'avoir élevé des enfants sans cœur qui abandonnent leurs pauvres parents le vendredi soir !

Pas trop de problèmes non plus pour le dimanche, une journée vague dont on peut décider qu'elle se termine à 5 heures. Après, ce sera le dîner, et une soirée qu'on se permettra de passer à la maison à ne rien faire : on doit retourner au travail le lendemain et — quelle joie ! — cesser ainsi de s'ennuyer.

On sort !

C'est le samedi qui est la journée névralgique. Vous demanderez à toutes sortes de braves gens — tout à fait mariés, ou presque — ce qu'ils font le samedi soir :

— Je sors…

— Oui, mais où allez-vous ?

— Ça n'a pas d'importance. Je sors…

C'est généralement une question de principe. La maison, le samedi soir, devient un endroit où on se refuse le droit de rester. On en retrouve beaucoup qui recherchent les *amusements officiels* : discothèques, boîtes à chansons, salles de danse, séances de jazz, opéras, ballets, concerts, *strip-teases*. Il y en a même qui s'arrangent pour participer à des soupers-causeries ou à des dîners de fin de congrès. Ils ne s'amusent pas, mais ils sortent !

— Moi, je regarde le hockey à la télévision.

— Chez vous ?

— Ben non, on va chez des amis.

D'autres couples :

— Nous, on joue aux cartes.

— Chez vous ?

— Mais non, le samedi soir, on sort ! On va chez des amis.

D'autres couples encore :

— Le samedi soir, on est toujours en *party*!

— Chez vous?

— Des fous!…

Ce qui vous amène à penser que, puisqu'il y a des gens qui vont voir la télévision, jouent aux cartes et sont en *party* chez des amis, il doit forcément y avoir des gens qui restent chez eux pour les recevoir.

— Oh, vous savez, nous autres, on n'est pas sorteux…

— Vous aimez ça, rester chez vous pour recevoir?

— Non, on n'aime pas ça.

— Alors, pourquoi le faites-vous?

— Si on ne recevait pas, on ne serait jamais invités ailleurs…

Il existe une certaine catégorie de gens qui se font un point d'honneur de ne jamais sortir le samedi soir. Ce sont des snobs. Ils laissent ça aux autres. Le samedi soir, ils restent chez eux pour recevoir. Mais, comme tous ceux qu'ils connaissent sont aussi snobs qu'eux et restent chez eux — pour recevoir —, ils ne trouvent personne à recevoir, et tout ce monde-là passe le samedi soir dans la plus pénible solitude!

On reste!

On rencontre parfois des types honnêtes qui avouent candidement des choses tristes:

— Moi, de toute façon, je travaille toute la fin de semaine…

— Moi, je passe la fin de semaine à prendre un coup…

— Moi, en fin de semaine, je ne fais exactement rien…

Pour eux, la chose est réglée. La fin de semaine ne présente aucun problème: ils la prennent comme elle vient et la lâchent quand elle part. Ils laissent la fin de semaine aux autres.

On entre !

Le samedi après-midi, on sort avec les enfants, en famille. On a tort ! Les enfants, ça ne s'amène nulle part.

Pour un jeune homme et une jeune fille, la fin de semaine ne représente aucun problème. Vivant l'un pour l'autre, l'un par l'autre, et en quelque sorte l'un dans l'autre, ils ne sont pas tellement intéressés à sortir.

Pour eux, sortir ensemble c'est être à l'intérieur ; dès l'instant qu'ils sortent, c'est pour entrer quelque part. Soit chez la jeune fille, soit chez le jeune homme, soit chez n'importe qui, qui accepte de les laisser tranquilles. C'est joli :

— On sort ensemble ?

— Qu'est-ce qu'on fait ?

— On entre quelque part.

Les jeunes gens ont des fins de semaine sans histoire ; ils n'ont pas à se trouver quelque chose à faire, ils n'ont qu'à se trouver l'un l'autre. Tout cela finira dès qu'ils se marieront, seront heureux et auront beaucoup d'enfants.

On s'enfouit

Les jeunes — j'entends les adolescents — ont leur façon bien à eux de passer les fins de semaine ; ils ne suivent pas du tout l'exemple mortel d'ennui solitaire donné par leurs aînés. Pour eux, c'est un retour aux sources, au tribalisme antique, à l'esprit grégaire et aux réjouissances barbares et collectives de l'homme des cavernes.

L'atavisme est d'ailleurs si puissant chez eux que leur activité de fin de semaine se circonscrit dans des caves.

S'il y a un *party*, il se déroule dans la cave la plus profonde qu'ils puissent trouver parmi toutes celles que leurs parents mettent bon gré mal gré à leur disposition. Si la soirée ou les soirées, ou les après-midi de la fin de semaine, doivent se passer ailleurs que dans une maison dite familiale (mot repoussé avec horreur par la majorité), le choix se porte encore vers une cave, dans laquelle s'enfoncent tout café et toute discothèque qui se respectent.

On dit que les adolescents sont dans le vent… C'est une expression trompeuse. Chez nous, vous ne trouverez jamais les adolescents dans le vent ; au contraire, la première condition nécessaire pour qu'ils s'amusent c'est qu'il n'y ait pas de vent, et qu'il n'y ait même pas d'air.

Une soirée d'adolescents réussie se conforme à certains barèmes : il faut qu'il y ait de la fumée et du bruit, mais aussi qu'il n'y ait pas de place et pas de lumière.

Il faut danser — c'est-à-dire faire de la gymnastique syncopée —, mais il n'est pas nécessaire de savoir avec qui l'on danse. Tout danseur appartient à la collectivité, et il agit comme tel.

La neige

Vous avez sans doute entendu parler de la neige, cette première et dernière merveille du Canada. Vous avez hâte d'en voir et d'en jouir. Vous serez le seul.

Les Canadiens français, officiellement, sont fiers de leur neige et c'est peut-être le premier mot qui leur viendra à la bouche quand ils voudront distinguer leur pays des autres. Mais, au fond, ils n'y tiennent pas.

L'hiver est une saison odieuse, la neige a quelque chose de froidement futile. Les paysages de neige ont le désavantage de se ressembler mollement les uns aux autres. Les manteaux de neige ont tendance à emmitoufler la vérité essentielle de la nature.

À la ville, la neige est rarement propre : dire « blanc comme neige », c'est faire de l'humour noir. La neige de la ville — étant une sale chose à éliminer — est devenue un budget.

Il est beau de voir tomber la neige, mais nous ne sommes pas des enfants de la nature. Le Canadien français aime la neige quand elle fond. L'événement de l'hiver qu'il attend avec le plus de chaleur, c'est la fonte des neiges.

Le ski

La neige, cependant, est au Québec un prétexte pour faire des sports d'hiver.

On règle le problème de la fin de semaine d'hiver en le prenant en bloc plutôt que point par point. On fait du ski. Le skidoo est encore considéré avec suspicion et la raquette est passée de mode, du moins jusqu'à ce qu'un nouveau snobisme la remette dans le vent et la neige*.

Le ski doit se pratiquer au moins toute une fin de semaine. Sinon, on consacrerait plus de temps à se préparer à en faire qu'à en faire…

Une fois sur place pour la fin de semaine, on a le choix : faire du ski sans arrêt ou ne pas en faire du tout. Le ski est en effet un drôle de sport : c'est peut-être le seul que, prêt à le pratiquer, on néglige sans en avoir mauvaise conscience. Au tennis, on se sent forcé de jouer ; à la plage, de se baigner ; au golf, de faire au moins ses neuf trous. Le ski est différent : il est laissé à la conscience de chacun.

L'expression *faire du ski de chalet* est passée dans la langue. Elle recouvre toutes les faiblesses de la nature humaine, en allant des plus effroyables turpitudes jusqu'à la simple paresse.

---

* Le skidoo, qu'on appelle motoneige, est devenu un véritable fléau, très populaire auprès des touristes européens à la recherche d'expériences enivrantes dans la taïga. Nous vous conseillons plutôt la raquette ou le traîneau à chiens, plus pittoresques et moins bruyants.

Pourquoi se faire couper la figure par le vent, aller se casser une jambe, ou, pis encore, risquer de rencontrer des gens qu'on connaît ? On est si bien, dans une chambre confortable qu'on partage avec l'âme sœur dont on vient de faire la connaissance et qui, elle aussi, aime ça, faire du ski !

Le ski, d'ailleurs, comporte certains désavantages réels. Il n'est même plus de bon ton de se casser une jambe en ski, depuis que les économiquement faibles peuvent se payer le même luxe.

Tout ceci n'enlève rien à la valeur de la fin de semaine de ski, au contraire. On revient en ville avec la satisfaction d'avoir joué un bon tour à la fin de semaine, et de l'avoir évitée — en la passant ailleurs.

Lorsque vous serez chez nous, n'oubliez pas ce conseil : il ne faut jamais passer la fin de semaine d'hiver avec des gens tristes, on risque d'avoir à supporter la fin de semaine des autres en plus de la sienne.

Chapitre XII

L'ÉTÉ

Si vous arrivez chez nous l'été, nous ne serons probablement pas là : nous serons à la campagne.

Au Québec, tout le monde a sa maison de campagne. Il n'est pas nécessaire d'en acheter ou d'en louer une, il suffit de connaître quelqu'un qui l'a fait. Et tout le monde se retrouve… à la maison de campagne.

Fraternité

La maison de campagne n'appartient pas à celui qui l'occupe : il en est l'hôte, il est chargé de la tenir propre et de la garder attrayante, il a le devoir d'être là quand on lui rend visite.

Chez nous, il existe une étrange affinité entre celui qui a une maison d'été et celui qui n'en a pas. On n'envie pas celui qui a une maison de campagne, on l'envahit. L'été, vous ferez comme tout le monde, vous rendrez visite aux gens qui ont une maison de campagne !

Celui qui n'a pas de maison d'été n'est pas démuni, il

possède en échange un sens profond de la fraternité humaine et un sens aigu du voisinage.

Vous pouvez habiter en ville à un coin de rue d'une famille qui jamais ne vous voit, jamais ne vous reconnaît, jamais ne fait mine de vous reconnaître et qui, l'été venu, se découvrira une vocation de voisin — de campagne.

* * *

Un estivant me confiait :

— Ah! vous savez, c'est quand on est à la campagne qu'on découvre ses vrais amis! Imaginez-vous : il y a des gens qui sans doute par timidité me disent à peine bonjour en ville et qui vont se taper 75 milles pour venir me voir à mon chalet d'été. Le sourire aux lèvres, l'amour dans le cœur et des enfants pleins les bras!

— Ils sont de passage…

— Je vois : vous pensez qu'ils viennent pour quelques heures et qu'ils ne me trouvent pas intéressant. Pas du tout : ils consentent à dîner chez moi, acceptent de rester à coucher, et ils ont de la peine à me quitter, une fois la fin de semaine finie!

— Vous devez être populaire!

— Je ne me l'explique pas autrement. Quand vous pensez qu'il est venu à mon chalet de vieux camarades de classe que je n'avais pas vus depuis 20 ans! Ça fait chaud au cœur. J'avais une chambre d'amis, il y en a maintenant deux autres : la mienne et le salon.

— Et vous, où couchez-vous?

— Ça dépend. Quand il n'y a pas trop de monde : dans la cuisine. Quand il y en a trop : à l'hôtel.

— Ça n'est pas encombrant?

— Oh non, tous mes amis sont des gens discrets. Tenez, il y en a qui me disent en arrivant : « On passait devant chez toi par hasard, on voulait simplement te dire bonjour. »

J'avoue que, parfois, ça m'étonne, parce que, parmi eux, il y en a qui arrivent en autobus !

— Et ces gens-là, est-ce que vous les revoyez, l'automne ?

— Oh non ! Des vrais amis, ça ne vient pas vous déranger à la ville ! Tenez, simplement pour vous montrer que mes amis tiennent à mon amitié : ils m'ont tous demandé où je comptais passer l'été l'an prochain !

Orientation

Sachant que le Québec est grand et que les routes y sont nombreuses, ce qui vous étonne peut-être, c'est qu'on puisse trouver si facilement le chemin d'une maison de campagne où on n'est même pas invité… Celui qui n'a pas de maison d'été unit, au sens de la fraternité humaine et à celui du voisinage, le sens de l'orientation.

— Moi, cet été, je tenais à être tranquille, m'a affirmé un amant de la solitude. Je me suis trouvé un coin perdu où nul ne me connaît et je n'ai dit à personne où j'allais.

— Donc, pas de visites !

— Pas de visites ? Les gens faisaient la queue à ma porte.

— Mais puisque personne ne savait…

— Oh, remarquez que j'ai pu m'échapper et dire à quelqu'un que j'allais « quelque part » dans les Cantons de l'Est. Et ce type-là a dû partir avec une carte et des provisions et faire tous les villages des cantons jusqu'à ce qu'il tombe sur ma trace !

— Mais puisque personne ne savait qui…

— C'est ce que j'imaginais. Je me disais : « Si un visiteur s'amène dans mon coin, il ne trouvera personne qui sache où je suis. » Erreur, il y a toujours quelqu'un qui sait !

— Qui, par exemple ?

— Ça peut être un marchand ou le gars du restaurant du hameau, mais il sait : « Ah oui, monsieur Chose, qui a loué cette année ; ça se trouve à un mille et quart en prenant le chemin de droite à 840 pieds d'ici ; vous comptez ensuite huit boîtes de poste, vous montez la côte et vous arrivez juste dessus en tournant à gauche. »

— C'est précis.

— C'est épouvantable. Ce marchand ou bien ce gars-là ne me donnerait même pas à moi le chemin pour que j'arrive à son comptoir y trouver une boîte de savon ou un suçon. Mais à un parfait étranger, il me donne. Il donne tout, il livre l'essentiel, ma maison et mon chemin. Vous savez, il est fini, cet heureux temps où le paysan ou l'artisan à qui on demandait un renseignement répondait simplement en tirant sur sa pipe : « Oh, c'est un bon boutte d'icitte ! »

La maison de campagne

Qu'est-ce que peut être une maison de campagne du Québec ? Nos maisons sont loin d'être construites d'après un archétype… Nous en avons de type scandinave, de type suisse, de type cottage anglais, de type ranch américain, et de type international : une cabane.

La maison de campagne, chez nous, ne s'appelle jamais une villa. C'est un chalet, ou même un camp — nom qu'on lui donne sans doute parce qu'on compte s'y retrancher contre la visite.

Distinguons entre la maison qu'on possède et entretient soi-même et celle qu'on prend en location. Les maisons de campagne qu'occupent leurs propriétaires peuvent être tellement différentes les unes des autres qu'elles n'offrent entre elles aucun point de comparaison. Par contre, toutes les maisons d'été qu'on loue ont ceci de commun qu'il leur manque toujours quelque chose.

L'homme qui offre sa maison à louer ne lui donne jamais ce que j'appellerais une véritable réalité.

Dans la maison louée, le toit coule, les murs souffrent, la galerie penche, les fenêtres ne s'ouvrent pas, le poêle ne fonctionne pas ; les tables basculent, le lit se creuse, les meubles pèlent ; la cheminée est bloquée, l'évier fendu et l'autre cuvette constipée. La maison de campagne louée est une maison approximative.

Le propriétaire d'une maison louée ne recherche pas le bonheur de son locataire ; en fait, une fois qu'elle est louée, il ne recherche plus son locataire, il l'évite.

Location d'une maison d'été

— Moi, me dit un gros homme jovial, j'ai eu un été profitable.

— Vous avez profité de l'été ?

— Non, j'ai profité des gens qui profitent de l'été. J'avais trois camps à louer.

— Vous les avez loués ?

— Et comment ! Au mois de mars. C'est le meilleur temps : il y a une belle petite neige sur mes terrains qui les rend tellement sympathiques…

— Et, sous la neige, il y a du gazon ?

— Ça dépend des années. Vous savez, on ne sait jamais ce qui va sortir entre les roches.

— Et vos camps, c'est du solide ?

— Solide ? Ça fait trente ans que je n'y ai pas touché !

— Mais vous comptez faire des améliorations ?

— Certainement. L'électricité l'an prochain !

— Chauffage central ?

— Tout ce qu'il y a de plus central. Un poêle à bois au centre de la place !

— Tous les meubles qu'il faut ?

— Oh, pas au mois de mars ! Les meubles qui manquent, je les promets pour le mois de juin.

— Et vous n'embêtez pas trop vos locataires?

— Une fois qu'ils m'ont payé — au mois d'avril — ils ne me revoient pas la face de l'été !

Les illusions perdues

Vous voilà averti : devenu Québécois, vous saurez, lorsque vous louerez une maison de campagne, à quoi ne pas vous attendre.

Le propriétaire que j'ai cité disait vrai. Cherchant une maison à louer au mois de mars, vous aurez choisi un joli pré recouvert de belle neige sous laquelle on vous aura fait miroiter l'espoir d'une pelouse. La neige fondue, que verrez-vous? De malingres trèfles épars aux trois quarts étouffés par *l'herbe à puce* (sumac vénéneux) qui s'accrochera aux pierres qu'une nature généreuse aura fichées partout où le pied peut glisser.

Les terres les plus accidentées, vous le noterez, sont celles qu'offrent les Laurentides au nord de Montréal, là où au début du siècle s'est fait un gigantesque et lamentable effort de colonisation se soldant par un échec agricole définitif. Et un téléroman inusable dont vos enfants nés au Québec ne verront peut-être même pas la fin*.

L'accès à l'eau

Au début de cette lettre, je vous ai dit que nous avions beaucoup d'eau, lacs et rivières. Vous imaginez que les Québécois passent leur été à gambader dans toute cette eau? Vous

---

* Le téléroman, *Les Belles Histoires des pays d'en haut,* est heureusement disparu, mais la Société Radio-Canada en propose une impérissable réédition sur vidéocassette.

entendrez des cyniques s'exclamer : « On ne peut pas dire qu'il est difficile de se baigner dans notre Belle Province, il y a d'admirables piscines dans les motels ! »

Vous le croirez quand vous viendrez : partant de Montréal, vous ne trouverez pas, à une distance raisonnable, de plage accueillante où vous ne serez pas bousculé par la foule. Malgré les milliers de lacs dont s'enorgueillit le Québec, il est plus simple et plus court d'aller se baigner aux États-Unis.

* * *

Nos cours d'eau sont tellement pollués que les poissons en crèvent. Nos lacs innombrables sont pour la plupart fermés au reste de l'humanité par ceux qui en tiennent les abords. Même pour ceux qui ont leur maison au bord de l'eau, la grève est presque inaccessible et le lac rebutant. Nos plages publiques sont encombrées et c'est d'ailleurs au bord de l'eau que les Québécois prennent le mieux conscience de leur nombre. Définition d'un lac québécois : moitié eau, moitié chair humaine.

Vous entendrez nos villégiateurs !

— Moi, quand j'ai loué mon chalet, le propriétaire m'a dit que je serais tout près du lac. Il ne m'a pas menti. Je sors de mon terrain, je saute lestement la clôture ; d'un pas alerte, je m'enfonce dans le bois ; un demi-mille plus loin, je débouche sur un champ ; j'évite astucieusement deux chiens et trois taureaux et me voilà sur un chemin vicinal ; je franchis gaiement la route et j'escalade une gentille colline ; de là, je me glisse tortueusement, en m'accrochant aux arbustes, jusqu'au bas d'un ravin ; je grimpe allègrement sur quelques rochers dont le dernier est baigné par le lac. C'est un bien beau lac !

— Moi, mon camp se dresse à quelques pieds du lac. Un des lacs les moins dangereux qu'on puisse imaginer. Au bord, du beau sable et à peine un pied d'eau, et ça continue comme ça sur une distance de trois quarts de mille, que je peux parcourir sans même me mouiller les genoux.

— Moi, j'adore plonger du beau radeau qui flotte à deux cents pieds de la rive. Évidemment, je plongerais plus facilement s'il n'y avait sur le radeau deux douzaines d'enfants qui jouent aux cow-boys…

— Moi, j'ai une belle plage privée, d'une bonne vingtaine de pieds de longueur, que je partage avec la famille du propriétaire, quelques voisins triés sur le volet, une poignée de cultivateurs qui y ont conservé le droit de pêche et un joyeux quatuor de sportsmen buveurs de bière qui s'en servent comme port d'attache pour leurs yachts.

* * *

Le plus souvent, lorsque l'accès au lac est facile, l'eau est étonnamment propice à la culture des joncs ou à l'élevage des ouaouarons — ou grosses grenouilles — qui se la coulent douce dans les nénuphars.

L'absence de joncs, de ouaouarons et de nénuphars pourra parfois ouvrir de sombres perspectives : elle indique que tous ces êtres ont perdu la joie de vivre et abandonné la partie devant les microbes.

Méfiez-vous des compliments qu'on fait sur le lac, le fond de l'eau et l'eau en général.

« Une belle petite plage » veut dire un fond de rochers que n'a pas entamés l'érosion. (Les roches à fleur d'eau vous font les plus fantaisistes des cicatrices.)

« Vous marchez là-dedans, vous aller voir comment c'est doux ! » correspond à une description, à peine suggérée, d'un pied de vase.

« Vous entrez là-dedans et vous pouvez tout de suite nager ! » équivaut à la promesse d'une berge abrupte qu'on descend en glissant mais qu'on ne peut escalader sans une corde ou une main secourable. (Le lac est un abîme dans lequel on peut perdre les petits enfants.)

Si vous entendez : « Vous allez voir comment l'eau est riche par ici ! », vérifiez tout de suite où débouche l'égout municipal !

Les maringouins

L'été, chez nous, où que l'on soit, l'air pur absolu n'existe pas. On partage l'atmosphère avec les mouches noires, qu'on ne connaît qu'après coup parce qu'on ne les voit pas quand elles piquent, et avec les maringouins, moustiques particulièrement féroces et dilettantes *à mort*.

Je connais ces insectes et vous mets en garde contre leurs traits. Je veux balayer d'un seul coup tout ce qu'on a pu vous dire sur les maringouins : on a tendance à généraliser et on vous aura fait croire à tort que le comportement des maringouins est uniforme.

Il y a des maringouins qui jouent franc jeu : ils n'ont pas peur de se laisser voir venir, ils savent qu'ils jouent leur vie sur un simple atterrissage.

Ils visent un coin de chair, s'y fichent comme une flèche et d'un seul coup y enfoncent leur dard. Ils comptent sur l'effet de surprise ! Mais ils se font aplatir en même temps que leurs espoirs.

D'autres maringouins, aussi perfides que sanguinaires, n'attaquent pas directement. Ils virevoltent, exécutent des manœuvres de diversion, font mine de se poser sur un point pour aussitôt repartir en zigzaguant, puis, endormant la méfiance par un bourdonnement si continu et si apaisant qu'on ne leur prête plus d'intentions hostiles, s'installent en douce là où on ne peut les voir, dans le cou, derrière les oreilles ou sur le front, pour entamer leur travail de forage. Lorsqu'on les démolit, le mal est déjà fait.

D'autres maringouins, enfin, effectuent des opérations concertées : ils se lancent sur tous les points à la fois, conscients des pertes énormes qu'ils devront subir, mais, sachant que certains privilégiés réussiront à apaiser leur soif, ils n'hésitent pas à se sacrifier pour le bien de la communauté maringouine. Le maringouin est tué au cours de l'attaque ou succombe sous le poids du sang dont il se gorge.

Le seul avantage que l'homme ait sur les maringouins, c'est qu'il est sûr de leur survivre.

L'été d'un Français

Puisque nous, Canadiens français, sommes heureux, l'été, nous vous forcerons bien à l'être vous aussi.

Ayant soif de nature, vous verrez des paysages que le Canadien français, n'en ayant pas conscience, vous laissera à vous tout seul. Vous vous vêtirez de la façon la plus négligée possible, en conformité avec votre rang. Vous dégusterez la viande que, sous le nom d'opération *Bar-B-Q*, le villégiateur québécois s'obstine à faire carboniser en plein air.

Vous vous ferez des relations peu agréables mais utiles ou, mieux encore, peu utiles mais agréables. Vous comprendrez ce que je vous ai dit : le Canadien français a du puritanisme dans la vision de certaines choses, mais cette détestable vertu ne l'empoisonne pas dans ses actes. La Canadienne française, j'ose l'espérer pour vous, se chargera de vous le démontrer…

Chapitre XIII

LE TEMPS DES FÊTES

Le Canadien français s'épanouit l'été, mais ce n'est pas durant cette saison-là que vous apprendrez à le connaître dans toute sa démesure.

Il n'y a au Québec qu'une seule période qui soit réservée spécifiquement à la réjouissance : le temps des Fêtes.

Le temps des Fêtes est une partie de l'année qui commence vers la fin de novembre pour se terminer à peu près à la veille de Noël.

La semaine qui suit, et qui comprend Noël et le jour de l'An, ne compte pas. Ce qu'on appelle « l'esprit des Fêtes » — *Christmas spirit* ou *holiday spirit* — est complètement épuisé une fois que les Fêtes commencent.

Noël et le jour de l'An sont en principe des jours qui appelleraient une célébration naturelle. On devrait dire :

— Il faut fêter *ça* !

Mais, tout ce qu'on ressent, c'est :

— Il *faut* fêter !

On n'a pas tellement le goût de fêter, on s'en sent le devoir. Noël et le jour de l'An sont devenus — non pas au sens religieux mais au sens littéral du mot — des fêtes d'obligation.

L'Amérique du Nord a su organiser les Fêtes comme elle sait organiser les élections, avec les cadeaux comme candidats, le battage publicitaire comme campagne oratoire, le plaisir d'autrui comme promesse électorale et les acheteurs comme poires.

Noël est passé d'un fait religieux à une nécessité commerciale. L'économie nord-américaine en dépend tellement que, si les Fêtes disparaissaient, elle n'y survivrait pas. Pour tenir le coup sans Noël il faudrait une guerre à tous les mois de décembre.

Le Noël des enfants

Officiellement, Noël est la fête des enfants. Les parents canadiens-français font d'énormes sacrifices pour gâter les enfants à Noël, ils dépensent tout, s'endettent, se ruinent. Rien n'est assez beau pour les enfants!... Les enfants qui ne sont jamais contents de ce qu'ils reçoivent...

... l'enfant qui, au lendemain de Noël, feuillette le catalogue des grands magasins : « Ça, c'est un camion comme j'ai pas eu ; ça, c'est un tracteur comme j'ai pas eu ; ça, c'est un train comme j'ai pas eu... »

... l'enfant qui se bâtit des illusions et se promet des choses. Il aura entendu à la radio ou à la télévision : « Tout enfant devrait recevoir telle chose pour Noël »! et il aura pris l'affirmation comme la consécration d'un droit.

... l'enfant, dont les parents profitent du temps des Fêtes pour le vêtir de pied en cap : ils sont tout surpris de ne pas le voir manifester des joies successives en découvrant tour à tour une paire de bas, des culottes, une chemise, une casquette. Il pourra, le lendemain, jouer avec les étiquettes.

... l'enfant à qui, par lassitude ou distraction, on a promis tout ce qu'il demandait et qui se retrouve devant un tout petit tas qui ne vas pas à la cheville de ses espoirs. Si jamais il a entendu l'expression : « C'est un enfant qui promet », il la renversera : « C'est des parents qui promettent. »

Les pères Noël

Les parents canadiens-français doivent prendre leurs responsabilités devant leurs enfants. Personne, au Québec, ne croit au Père Noël — sauf, bien entendu, les pères Noël eux-mêmes. Ce sont de braves saisonniers qui jouent les pères Noël dans les grands magasins, ou viennent dans les familles par la cheminée, sur rendez-vous.

Les pères Noël souffrent tellement de ce que l'on ne croie plus en eux que, pour s'affirmer, ils se sont formés en syndicat. Au moment où vous arriverez chez nous, les pères Noël, touchés par le chômage onze mois sur douze, n'auront pas fait l'erreur, je l'espère, de se priver d'une bonne partie de leurs revenus en poussant la fièvre syndicale jusqu'à réclamer l'élimination du travail de nuit.

Les éléments de Fête

Les Fêtes donnent un sang nouveau à la forme d'artisanat qu'on appelle l'emballage des cadeaux ; la femme s'y révèle infiniment supérieure à l'homme. Un emballage de cadeau fait par un homme porte en soi les germes de sa propre destruction : il se défait avant qu'on ne le défasse.

La femme fait généralement ses emplettes de Noël « bien avant le temps » pour éviter l'affluence des Fêtes. Seulement, il arrive que des centaines de milliers de femmes décident en même temps que c'est justement le temps de faire les achats de Noël « avant le temps ».

Les femmes apportent la même prévoyance à la préparation de la « nourriture » des Fêtes. On peut distinguer la nourriture du réveillon de Noël, que personne ne mange tant on est excité, de celle de la fête de Noël que personne ne mange tant on est fatigué. Le même phénomène à peu près se produit au jour de l'An, de sorte que la nourriture des Fêtes se mange, sèche ou pas, entre les deux Fêtes. Et après. Mais on peut la jeter à la poubelle n'importe quand.

L'alcool

Les aliments sont avantageusement remplacés par l'alcool qui se consomme avant, pendant et après les Fêtes. L'alcool sert aux hommes (et à beaucoup de femmes) à passer à travers les Fêtes sans en être trop marqués. Il donne l'illusion qu'on s'amuse — à soi comme aux autres. Dans un pays où on ne sait guère s'amuser, on confère aux réjouissances la seule forme qu'on leur connaisse !

Vous serez étonné de la quantité d'alcool qui se consomme au Québec durant les Fêtes : ce n'est plus de l'excès, c'est du zèle. Il y a des gens qui, toute l'année, se lèchent les babines en pensant au *bon coup* qu'ils vont prendre durant les Fêtes. Vous les verrez après :

— Oh, je pense bien que ç'a été les plus belles Fêtes de ma vie. D'abord — attends un peu que je regarde mon carnet. D'abord, le 18 décembre : party chez Ernest…

— Qu'est-ce qui s'est passé ?

— Je sais pas. Mais je te dis qu'on en a vidé, une tonne ! On était tous ronds ! Le 20 décembre : party chez mon oncle Émile…

— Qu'est-ce qui s'est passé ?

— Je sais pas. Mais laisse-moi te dire qu'on en a pris un coup ! On était tous ronds ! Le 21 décembre : party chez mon beau-père…

— Qu'est-ce qui s'est passé ?

— Je sais pas. Mais le beau-père, c'est un homme qui sait

recevoir… On était tous ronds! Le 23 décembre… Mais ça ne sert à rien que je te donne tous les détails. Un autre party le 23 décembre, un autre le 24 au soir, qui a fini le 25 au soir. On a recommencé le 26. Et puis quatre parties en ligne jusqu'au 30. Le party de la veille du jour de l'An; un autre le lendemain et on a fini ça le 4 au matin.

— Et qu'est-ce qui s'est passé?

— Je sais pas. On était tous ronds. Je suis pas sentimental, mais j'aime autant te dire que ces trois semaines-là ont été les plus belles de ma vie!

Les parties de bureau

Nous avons au Québec — comme dans toute l'Amérique — une tradition à laquelle vous vous initierez dès que vous aurez un emploi, à condition que vous réussissiez à le garder jusqu'aux Fêtes: c'est celle du *party* de bureau. Jadis, ces joyeuses réunions avaient lieu l'après-midi de la veille de Noël, ce qui permettait au père de famille de rentrer chez lui complètement saoul et d'aller, au milieu des larmes des petits enfants, s'étaler dans l'arbre de Noël.

Maintenant, les *parties* de bureau ont perdu de leur charme et ne risquent plus de détruire la soirée familiale de Noël. Ils ont lieu n'importe quand en décembre, mais leur effet intrinsèque est le même: ils permettent au sein du bureau un rapprochement et un resserrement de l'esprit d'équipe… Tel patron ou tel subalterne qui, au cours de l'année, n'aura peut-être jamais levé les yeux sur telle dactylo ou telle secrétaire se sentira un besoin insoupçonné de familiarité de bon aloi… Toute l'année durant, il regrettera cette impulsion de Noël, qui inspirera à la jeune fille, sinon le besoin de retrouver cette familiarité, du moins celui de lui faire sentir qu'elle a existé.

Telle jeune femme réservée qui, au cours de l'année, ne

semblait accepter la moindre privauté se révèlera brusquement vers la fin du *party* comme la femme qui les accepte toutes. Tel homme regrettera amèrement d'avoir amené
sa femme au *party,* et tel autre regrettera de ne l'avoir pas
amenée — sachant qu'elle est en train de bouleverser le *party*
de son bureau à elle.

Le lendemain, la moitié des gens du bureau se demande-
ront quels ennemis mortels ou quels amis indésirables ils se
sont faits la veille, et le jeune homme ambitieux cherchera fié-
vreusement si c'est au grand patron ou au messager qu'il a dit
qu'il avait une tête de messager...

Les exploits des Fêtes

Je me souviens d'avoir causé un jour de janvier avec une
de mes jeunes voisines, une sténo-dactylo. Durant tout
décembre, elle m'avait dit qu'elle se promettait d'en avoir du
plaisir, à son party de bureau! D'après ce qu'elle m'a confié,
c'était plutôt retentissant :

— C'était fou, fou, fou! Ce que j'ai pu m'amuser! Imaginez-vous que j'ai embrassé M. Girard! C'est le comptable.

— Il était content?

— Je ne sais pas. Mais je suis plus forte que lui. Ensuite,
j'ai dansé avec M. Robillard. Lui, c'est mon patron.

— Ah... Il y avait de la musique?

— Justement non. C'est ça qui était drôle. On a tellement
dansé qu'on est tombés par terre. Au bout de cinq minutes, il
y a quelqu'un qui est venu nous séparer et nous relever. Mais
j'étais si épuisée que j'ai dû dormir un bon quart d'heure sur
les genoux du vice-président, M. Ménard.

— Il n'avait pas d'objections?

— Oh non. Il dormait, lui aussi. Ensuite, je suis sortie avec
le directeur, M. Bouchard, en disant qu'on allait prendre l'air.

— Ah, vous vous êtes habillés...

— Oui, après. Quand on est sorti du bureau du président. Et, après ça, imaginez-vous, j'ai fini la soirée avec M. Picard, le président.

— Au bureau?

— Non, chez lui. Oh, ce que j'ai pu avoir du plaisir. C'est chouette, Noël!

— Et ça ne vous gêne pas de revoir M. Picard, M. Robillard, M. Girard, M. Bouchard et M. Ménard?

— Oh non, je ne les revois plus. Je ne travaille plus là.

— Comment! Vous avez dû pourtant vous rendre très populaire, surtout si vous étiez la seule femme du party!

— Mais non, c'est ça l'ennui, je n'étais pas seule. Il y avait aussi Mme Picard, Mme Bouchard, Mme Ménard, Mme Robillard et Mme Girard!

Les lendemains des Fêtes

J'ai un camarade qui, chaque année, regrette ce qu'il a fait aux Fêtes. La dernière fois, il est allé vraiment trop loin. À tous ses amis, à tous ses parents, et même à des inconnus, il a envoyé la lettre circulaire que voici:

« J'ai besoin de savoir la vérité; ces derniers jours, j'ai perdu la notion des faits. Si quelqu'un d'entre vous a la réponse aux questions qui suivent, je lui serais reconnaissant de me la donner:

1. Qu'est-ce que je faisais au party du premier ministre? Est-ce que quelqu'un m'avait invité, ou est-ce que quelqu'un m'a amené? Pourquoi ai-je mangé un pot de fleurs, et à quel moment ai-je lancé une caisse de bouteilles par la fenêtre?

2. Quelqu'un a-t-il été témoin de ma discussion avec mon gérant de banque? Pourquoi ai-je déclenché le signal d'alarme après avoir déchiré tous les papiers qu'il y avait sur le pupitre? À quel hôpital se trouve le premier policier qui est arrivé à la banque?

3. Lorsque j'ai rencontré mon patron, est-ce que j'ai menacé de démissionner, est-ce que j'ai démissionné, est-ce que
j'ai demandé une augmentation, ou est-ce que j'en ai refusé
une? Au fait, qui est mon patron?

4. Dans quelle ville ai-je passé les Fêtes?

5. À quelle jeune fille ai-je promis de l'épouser?

6. Quelle a été la réaction de ma femme?

7. Où est ma femme?»

* * *

Vous trouverez qu'il y a là une certaine exagération...
Mais — pour employer une expression bien de chez nous —
les Fêtes sont peut-être le seul temps où le Canadien français
se débarre!

ENVOI

Cher ami français que je ne connais point, vous trouverez au Québec un accueil enthousiaste. Le Canadien français vous félicitera d'être Français et, dès qu'il aura pris quelques verres de trop, il vous reprochera de l'être.

Le Canadien français, je le crains, soupçonnera que votre intérêt pour le Québec est de bien fraîche date. S'il vous entend parler — comme vous ne manquerez pas de le faire — de l'« éveil social et politique des Québécois », de la « recherche d'identité », de l'« éclatement de la jeunesse », de la « fermentation nationale » et de la « libération du Québec », il sera sans doute fort touché, mais il vous croira moins intéressé à lui qu'inspiré par certaines Général-ités à venir accomplir une mission dont il n'a guère ressenti le besoin depuis deux siècles.

L'existence même des Canadiens français, nous le savons confusément, est la plus monumentale plaisanterie de l'histoire démographique moderne et le paradoxe québécois est un chef-d'œuvre d'humour. Mais ne venez pas nous le dire avant que nous en soyons tout à fait conscients.

Ce que le Québec recherche dans l'immigrant français, c'est le francophone, l'investisseur de capitaux et le père de beaucoup *d'enfants. Peut-être quittez-vous la France parce qu'il vous est impossible de crier : « Vivre la France libre ! » Au Québec, on crie ce qu'on veut, en pleurant avant d'être capable d'en rire.*

En vous priant d'accepter, cher monsieur, l'expression plus ou moins française de mes sentiments les plus distingués, je demeure votre dévoué cousin,

Carl Dubuc,

Canadien français de père en fils depuis trois siècles et douze ou treize générations et né par hasard à Meudon (Hauts-de-Seine), France.

Table des matières

MISE EN PAGES ET TYPOGRAPHIE :
LES ÉDITIONS DU BORÉAL

ACHEVÉ D'IMPRIMER EN JANVIER 1999
SUR LES PRESSES DE L'IMPRIMERIE AGMV MARQUIS,
À CAP-SAINT-IGNACE (QUÉBEC).